KOMPASS

Dein Augenblick

BERNER OBERLAND

BERNER OBERLAND

Köniz

Münsingen

Steffisburg

Thun

Zulg

FREIBURGER ALPEN

Spiez

Thunersee

Interlaken

Kalte Sense

Kander

Simme

Engstlige

Oeschinensee

BERNER ALPEN

Daubensee

01
02
03
04
05
06
07
08
09
10
11

Deine 30 Touren im vielseitigen
Berner Oberland.

Legende

Walopsee – Garte · 2040 m

Bis weit in den Juli hinein kommen Blumenkenner auf dem Garte im Westen des Simmentals voll auf ihre Kosten – und ein idyllisches Bergwasser gibt's dort auch. **Seite 28**

Seebergsee – Niderhore · 2078 m

In der Kletter-Community ist das Niderhore im Diemtigtal ein Begriff. Wanderer schätzen dort den traumhaften Seebergsee als Wanderziel. **Seite 34**

Niederhorn · 1964 m – Gemmenalphorn · 2061 m

Bilderbuchtour! Für die Wanderung über den Guggisgrat hat dieser Begriff wirklich seine Berechtigung. **Seite 52**

Der Spiezer Rundwanderweg

Wer Viertausender lieber von unten betrachtet und statt Höhenmeter Geschichte sucht, starte am Thunersee zum Genussrundwandern. **Seite 58**

3

Rinderberg · 2079 m – Horeflue · 1949 m

Ein „Wanderklassiker" im Simmental, ein Panoramapfad und ein kleiner Felsgipfel: Der Weg über den Rinderberg ist eine Wucht. **Seite 40**

4

Hahnenmoospass · 1950 m – Regenboldshorn · 2193 m

So gemütlich geht's über den Hahnenmoospass, über den einst der „Reyfwein" vom Genfersee gebracht wurde. Prosit! **Seite 46**

7

Aeschiried – Alp Brunni – Pochtefall · 1644 m

Rund um Spiez findet man eine zauberhafte Gegend mit viel Geschichte. Ein Rundweg lädt dort zu einer Zeitreise ein. **Seite 64**

8

Auf den Niesen

Ein Aussichtsberg bei Nebel? Warum nicht, denn der berühmteste Gipfel über dem Thunersee bietet nicht nur Fernblicke. **Seite 70**

9

Rund um den Blausee

Hier rattert nicht nur die berühmte Lötschbergbahn – nein, hier gelangt man auch zum Blausee, einem ganz besonderen Naturwunder. **Seite 76**

Zum Oeschinensee

1,1 Quadratkilometer ist er groß und bis zu 56 Meter tief, der Oeschinensee. Und von oben betrachten lässt er sich auch. **Seite 82**

Griesalp – Hohtürli – Kandersteg

Das Hohtürli ist die höchstgelegene und alpinste Scharte im Verlauf der „Hinteren Gasse", die du auf dieser Tour kennenlernst. **Seite 88**

Birg – Rotstockhütte – Mürren

Schon einmal auf dem Piz Gloria gewesen? Ja? Dann hast du was mit James Bond gemeinsam, der hier am Schilthorn unterwegs war. **Seite 94**

Der Mountain View Trail

Der englische Name dieses prachtvollen Höhenweges ist der Tourismuswerbung geschuldet,aber er verspricht nicht zu viel! **Seite 100**

Lauterbrunnen – Sefinenfurgge – Griesalp
Über alle Berge geht's zwischen Mürren, der Sefinenfurgge und der Griesalp – naja, über fast alle. **Seite 106**

Männlichen – Kleine Scheidegg – Brandegg
Auf dem Männlichen wird man sich kaum einsam fühlen. Stiller ist es auf jenen Wegen, die ins Tal hinabziehen. **Seite 114**

Vom Jungfraujoch zur Mönchsjochhütte · 3657 m
Eine Tour wie diese wird man in kaum einem Wanderführer finden, denn sie verläuft über Gletschereis – 3600 Meter über dem Meer. **Seite 126**

Der Eiger Trail
30 Meter fehlen dem Eiger zur „Viertausenderwürde". Dafür hat er eine weltbekannte Nordwand und einen eigenen Trail an ihrem Fuß. **Seite 132**

Grindelwald – Kleine Scheidegg – Lauterbrunnen

1,8 Millionen Menschen bringt die Wengernalpbahn pro Jahr zur Kleinen Scheidegg. Die Zahl der Menschen, die den Pass zu Fuß überqueren, ist deutlich geringer. **Seite 120**

19

Zum Berghaus Bäregg · 1772 m

Längst ist auch der Grindelwaldgletscher
kleiner geworden. Auf dieser Tour kommt
man ihm noch näher. **Seite 138**

20

Zur Glecksteinhütte

Hüttenwandern einmal anders – also: „gaa-
anz" anders, und zwar direkt über einem
Schluchtabgrund. **Seite 144**

23

Zu den Giessbachfällen

Wandern, wo einst die High Society lustwan-
delte – bei den Giessbachfällen verbindet sich
Natur mit Hotelkomfort. **Seite 162**

24

Auf das Brienzer Rothorn · 2350 m

Die meisten Höhenmeter auf dieser
Höhenwanderung „erledigen" Dampf- und
Zahnradbahn. Dazwischen tankt das Auge
Fernsicht vom Feinsten. **Seite 168**

First – Bachseen – Bussalp

Dies ist sicher eine der schönsten Wanderungen im Gletscherreich der Berner Alpen – und eine Tour mit hochalpiner Hüttenrast. **Seite 150**

Über das Faulhorn · 2681 m

Ein „Wanderklassiker" der Schweiz, und das zu Recht: Der Weg übers Faulhorn erfüllt Bergträume! **Seite 156**

Auf das Augstmatthorn

„Gipfelschwelgen" – das geht auch auf Grasbergen. Das Augstmatthorn über dem Brienzersee beweist es. **Seite 174**

Meiringen – Große Scheidegg – Grindelwald

Passüberquerung für Feinspitze: Die Große Scheidegg bietet einen Übergang der landschaftlichen Superlativen. **Seite 180**

27

Engstlensee – Jochpass · 2207 m

Mit Blick zum Titlis und zu den Wendenstöcken wandert sich's über dem Engstlensee besonders schön. **Seite 188**

Zu Fuß auf den Sustenpass

Das Postauto fährt vorbei, der PKW wird
nicht gestartet, das Töff bleibt in der Garage:
Heute erobern wir den Sustenpass per pedes!
Seite 194

Zum Gelmersee · 1860 m

Nervenkitzel nicht nur beim Bergsteigen,
sondern schon bei der Fahrt mit dem
schrägsten Schrägaufzug der Schweiz!
Seite 200

Der historische Grimselweg

Guten Käse zu essen ist schön. Gutem Käse
nachzuwandern, noch schöner. Auf der Via
Sbrinz lässt sich beides genussvoll vereinen.
Seite 206

Moderne Seilschaft

Es sind aufstrebende Fotografinnen und Fotografen, die dich gemeinsam mit versierten Bergsteigern an dein Ziel führen. Erfahrung und Tatendrang treffen sich mit der gemeinsamen Sehnsucht nach den beeindruckendsten Augenblicken im Berner Oberland.

Michael Bender

Matthias Burkhard

Michael Bender ist im Siegerland in der Nähe des Rothaargebirges aufgewachsen und lebt inzwischen am linken Niederrhein. Auch wenn er das niederrheinische Flachland schätzen gelernt hat, zieht es ihn immer wieder gerne in bergigere Regionen. Während er mit der Fotogra-

Erfahrung zählt, Leidenschaft besteht

fie zunächst nur persönliche Schnappschüsse von Wander- und Mountainbiketouren festhalten wollte, ist sie inzwischen zu seinem größten Hobby geworden. Der Bezug zur Schweiz entstand vor einigen Jahren durch ein längeres Praktikum auf einem Bergbauernhof mit Blick auf den Vierwaldstättersee. Die von dort nur sehr klein

sichtbaren Viertausender mit Eiger, Mönch und Jungfrau zogen ihn später weiter ins Berner Oberland sowie weiteren Regionen in den Schweizer Alpen.

Im Appenzellerland geboren, hat es **Matthias Burkhard** mittlerweile nach Altnau am Bodensee verschlagen – eine perfekte Location, um tolle Sonnenuntergänge über dem See oder Sonnenaufgänge in der umliegenden Berglandschaft festzuhalten. Seine Liebe zur Fotografie entdeckte Matthias seiner Rundreise durch Myanmar im Winter 2017. Die für diesen Anlass gekaufte Kamera ist noch heute sein ständiger Begleiter. Das Wissen und Können rund ums Fotografieren und die Bildbearbeitung hat sich der Schweizer Outdoor-Liebhaber selbst angeeignet „durch viel Herumexperimentieren und die entsprechende Lektüre", wie er selbst sagt. „Meine Fotos sind heute auch noch

Wolfgang Heitzmann

nicht perfekt und ich versuche weiterhin viel Neues auszuprobieren, um die Fotos interessanter zu gestalten", ergänzt der Hobbyfotograf.

Schon seit 40 Jahren ist **Wolfgang Heitzmann** im Gebirge unterwegs. Als Tourismusberater war er in vielen europäischen Urlaubsregionen tätig, entwickelte überregionale Kulturprojekte und realisierte zahlreiche Themenwege. Durch sein Engagement für bedrohte Naturräume wurde er zum Mitbegründer des Nationalparks Kalkalpen in Oberösterreich. Heute lebt er in Tirol und arbeitet in der Verlagsbranche. Mit über 80 eigenen Führern und Bildbänden über die Alpen, die Toskana und die Insel Mallorca zählt er zu den erfolgreichsten Outdoor-Autoren. „Unvergessliche Augenblicke habe ich viele erlebt – als Jugendführer des Alpenvereins, auf Gletschergipfeln und Vulkanen,

in Schluchten und Karstwüsten, an verborgenen Stätten der Urgeschichte, bei meinen Alpenüberquerungen mit dem Mountainbike oder beim winterlichen Schneeschuh-Trekking ..."

Jeder Augenblick wird mit dem Highlight der Tour vorgestellt. Bei der Vorstellung steht neben dem Fotografen der jeweiligen Tour auch sein Kürzel unter dem man ihn auf Instagram findet, so zum Beispiel: **@insulinandphotoshots**

Weitere Fotos in diesem Buch stammen von **Makeila Rose Lundy, Sebastian Weingart, Matthias Effinger, Maxim Moskalenko, Fabienne Bregenzer & Tina Fischer, Daniel Niggli, Markus Manfredi** und **Wolfgang Heitzmann & Renate Gabriel.**

Ihnen allen herzlichen Dank!

Deine Verantwortung

KOMPASS will dir mit diesem Wanderführer die Schönheit und Einzigartigkeit der Natur vor Augen führen. Hierfür wurden ganz besondere Orte ausgewählt. Sie gewähren dir einen atemberaubenden Blick auf die einzigartige Komposition aus natürlichen Strukturen und Elementen der jeweiligen Landschaft. Manchmal ist für das Auffinden der perfekten Perspektive ein Extraschritt auf schmalem Steig oder in weglosem Gelände erforderlich. Gerade hier gilt es sich eigenverantwortlich und respektvoll gegenüber der Natur und den Mitmenschen zu verhalten. Die Umwelt zu schützen und den eigenen Fußabdruck minimal zu halten ist Ehrensache.

Einen Moment für die Ewigkeit festzuhalten ist nichts wert, wenn wir die Natur für die Ewigkeit zerstören.

Ehrensache

Respektiere die Natur mit ihrer
Schönheit und ihren Gefahren.

Es zählt das Miteinander. Gegenseitige Hilfe und
Gemeinschaft wiegen mehr als der perfekte Schnappschuss.

Versuche mit öffentlichen Verkehrsmitteln oder mit dem Fahrrad anzureisen.

Gehe kein Risiko ein. Du willst deine Geschichten
schließlich noch erzählen können.

Nimm mehr Müll mit nach Hause, als du mitbringst.
Beteilige dich am Schutz unserer Umwelt.

Hinterlasse keine Spuren. Das Ökosystem
ist fragil und erholt sich nur langsam.

„Plastik, Dosen und Papier,
sind den Bergen keine Zier.
Trägst du sie voller bis hierher,
trägst du sie heimwärts auch nicht schwer.“

Deinen Augenblick festhalten

Der Weg zum perfekten Foto – die Tipps vom Profi

Investiere in dich, bevor du in Ausrüstung investierst

Nicht die Kamera, sondern die Person mit der Kamera in der Hand macht das Foto. Ob das Bild also gelingt liegt nicht an der Kamera, sondern viel mehr an dir. Deshalb macht es gerade am Anfang Sinn mehr Zeit und Geld in dich und deine Fähigkeiten zu investieren, bevor du mehrere Tausend Euro in professionelles Kameraequipment steckst. Im Internet findet man zahlreiche kostenlose Videos, mit denen man sich die Grundlagen der Fotografie aneignen kann. Daneben gibt es für ein paar Euros auch Videoworkshops, die einem

neben den Grundlagen der Fotografie auch Wissen zu speziellen Themen, wie zum Beispiel der Landschaftsfotografie vermitteln. Wer lieber abseits von Monitoren und mit viel Praxis lernen möchte, dem empfiehlt es sich einen Workshop bei einem Fotografen zu belegen. Diese sind zwar etwas teurer, aber man wendet das Gelernte in der Praxis an und hat die Möglichkeit, direkt Fragen zu stellen. Es war wohl noch nie so leicht, sich die Grundlagen der Fotografie anzueignen. Es liegt also nun an dir, die für dich beste Methode zu finden. Ein paar Grundlagen und Anregungen deine Augenblicke bestmöglich festzuhalten möchten wir dir aber auch hier im Buch mit auf den Weg geben.

Mit Licht malen

Fotografie bedeutet „Malen mit Licht". Das Licht ist also das bestimmende Medium, mit dem wir arbeiten. Die schönsten Stimmungen zum Fotografieren hat man zum Sonnenaufgang und Sonnenuntergang. Ein oft zitiertes Sprichwort sagt „Zwischen elf und drei hat der Fotograf frei" und beschreibt die Situation eigentlich ganz gut. Die tief stehende Sonne zum Morgen und am Abend sorgt für eine angenehme Lichtstimmung und kann mit einem farbenfrohen Himmel für ganz spezielle Fotos sorgen. Auch die Dämmerung nach Sonnenuntergang oder vor Sonnenaufgang, oft als „Blaue Stunde" bezeichnet, eignet sich noch hervorragend, um stimmungsvolle Fotos zu machen. Sobald die Sonne untergegangen ist packen viele Fotografen schon zusammen und verpassen damit einige fantastische Momente. Um besonders schöne Fotos zu

machen versuche also so häufig wie möglich bei Sonnenaufgang und Sonnenuntergang zu fotografieren. Gerade als Anfänger sollte man jedoch auch untertags fotografieren, denn je mehr man fotografiert, desto schneller wird man besser. Mittags lässt sich zum Beispiel auch wunderbar der Bildaufbau üben.

Ein Bildaufbau wie die alten Künstler

Der Bildaufbau, oftmals auch als Komposition bezeichnet, sorgt für einen harmonischen Gesamteindruck des Fotos. Dafür gibt es einige Regeln zu beachten, die nicht erst mit der Fotografie entstanden sind, sondern ihren Ursprung in der Malerei haben. Eine der bekanntesten Regeln ist die „Drittel Regel" oder auch der „Goldene Schnitt". Ein Bild lässt sich mit zwei vertikalen und zwei horizontalen Linien dritteln. Dadurch entstehen neun Rechtecke und vier Schnittpunkte. In den meisten Kameras lassen sich diese Linien (Gitter) zur Hilfe einblenden. Die Drittelregel besagt, dass der Horizont immer auf einer der Linien liegen sollte und wichtige Bildelemente am besten an den Schnittpunkten platziert werden. Dadurch entsteht ein harmonischer Bildaufbau. Natürlich kann diese Regel auch bewusst gebrochen werden, um ein ganz besonderes Foto zu kreieren. Aber zum Anfang sollte man versuchen, sich bewusst an die Regel zu halten.

Das Motiv in Szene setzen

Mit dem richtigen Bildaufbau und dem passenden Licht hast du jetzt bereits zwei Zutaten für ein gelungenes Foto. Was jetzt noch fehlt ist das Motiv. Bevor du den Auslöser drückst, vielleicht sogar bevor du zum Fotografieren aufbrichst, solltest du dir Gedanken machen, was du fotografieren möchtest. Hast du ein Motiv, das du ablichten möchtest? Gibt es eine spezielle Stimmung oder Emotion, die das Foto vermitteln soll? Sei dir im Klaren darüber, was du fotografieren möchtest und plane, wie du dies umsetzen möchtest. Mit einer durchdachten Planung schaffst du es nämlich häufiger zur richtigen Zeit am richtigen Ort zu sein. Ideen für den richtigen Ort und das passende Motiv findest du in diesem Buch ja bereits. Hilfreiche Tools um die richtige Zeit herauszufinden sind Apps wie Photo-Pills oder Sun Surveyor. Diese zeigen einem den Sonnenstand zu jedem beliebigen Datum an jedem beliebigen Ort an. Damit lässt sich zum Beispiel herausfinden ob sich eine Location eher zum Sonnenuntergang oder Sonnenaufgang eignet. Wenn du zum Beispiel ein Alpenglühen auf einem bestimmten Berg fotografieren möchtest, dann sollte die Sonne direkt hinter dir bzw. gegenüber dem Gipfel auf- oder untergehen. So wichtig die Planung und Vorbereitung ist solltest du trotzdem immer wieder spontan und ohne Plan raus zum Fotografieren. Dies fördert deine Kreativität und schult dein Auge, um neue Motive in der Natur zu entdecken.

Das Equipment

Die Ausrüstung wird allgemein viel zu sehr überschätzt. Wie bereits anfangs erwähnt ist die Person hinter der Kamera viel wichtiger für ein gelungenes Foto. Trotzdem möchten wir dir hier einige Tipps zur Ausrüstung mitgeben. Im Prinzip kann man mit den Kameras von modernen Smartphones bereits beeindruckende Ergebnisse erzielen. Da das Handy auf einer Wanderung immer dabei sein sollte, hat man damit auch kein zusätzliches Gepäck. Wer sich aber eingehender mit der Fotografie beschäftigen möchte, kommt früher oder später nicht um eine digitale Kamera herum. Seit einigen Jahren machen die spiegellosen Systemkameras den digitalen Spiegelreflexkameras ordentlich Konkurrenz und werden diese in Zukunft wohl ablösen. Die spiegellosen Systemkameras sind um einiges leichter und kompakter als die Modelle mit Spiegel und eignen sich daher auch besser für Wandertouren in den Bergen. Wer sich jetzt mit einem Kamerakauf beschäftigt, sollte sich definitiv mit Systemkameras vertraut machen. Für welche Marke oder welches Modell man sich letztendlich entscheidet, spielt gerade am Anfang keine große Rolle bzw. beruht auf persönlichen Präferenzen. Alle modernen Kameras von namhaften Herstellern bieten eine hervorragende Leistung.

Generell lässt sich sagen, dass die Objektive für die Bildqualität auch wichtiger sind als die Kamera. Sprich die Kombination aus günstiger Kamera und teurem Objektiv wird wahr-

Tele (200 mm) abdecken. Prinzipiell kann man sagen, je größer der Brennweitenbereich ist, desto schlechter ist die Bildqualität. Festbrennweiten haben damit meist die bessere Bildqualität gegenüber einem Zoomobjektiv. Festbrennweiten zeichnen sich außerdem mit einer offenen Blende aus (ausgedrückt durch eine niedrige F-Zahl wie f1.8). Dies ermöglicht einem auch bei wenig Licht (zum Beispiel in der „Blauen Stunde") noch tolle Bilder zu machen. Für einen Anfänger empfiehlt sich der Kauf eines Standardzoomobjektivs zusammen mit einer Festbrennweite. Eine beliebte und günstig erhältliche Festbrennweite ist zum Beispiel ein 50 mm f1.8-Objektiv. Mit dieser Kombination ist man für die meisten Situationen gerüstet. Außerdem stellt man schnell fest ob man häufiger im Weitwinkel fotografiert oder eher im Telebereich und kann dann entsprechend nachrüsten.

„The best camera is the one that's with you"

scheinlich das bessere Ergebnis erzielen als eine teure Kamera mit einem günstigen Objektiv. Deshalb möchten wir hier auch etwas genauer darauf eingehen. Es gibt im Prinzip zwei Arten von Objektiven: Zoomobjektive und Festbrennweiten. Mit Festbrennweiten kannst du nicht zoomen. Sie haben, wie der Name sagt, eine feste Brennweite. Bei Zoomobjektiven kannst du die Brennweite verändern, also den Bildausschnitt durch Zoomen entweder verkleinern oder vergrößern. Dabei gibt es verschiedene Varianten von Zoomobjektiven. Das Weitwinkelzoom hat ungefähr eine Brennweite von 16–35 mm. Beim Standardzoom reicht die Brennweite von ca. 24 bis 70 mm. Das Telezoom bietet Brennweiten von über 70 mm. Dann gibt es noch sogenannte Reisezooms, die einen Brennweitenbereich vom Weitwinkel (24 mm) bis zum

Die Brennweiten beziehen sich hier auf „Full Frame"-Kamerasensoren, wie sie in den Spitzenmodellen vorkommen. Die meisten Modelle haben einen kleineren Sensor. Achtet beim Objektivkauf also auf das „Full Frame/35mm Equivalent" der Brennweite.

Neben der Kamera und dem Objektiv solltest du noch in Ersatzakkus und ausreichend Speicherkarten investieren. Wenn du häufig zu Sonnenauf- oder -untergang unterwegs bist, lohnt sich auch der Kauf einer guten Stirnlampe, damit du auch in der Dämmerung sicher unterwegs bist. Ob sich für dich der Kauf eines Stativs lohnt hängt ganz von deiner Art zu fotografieren ab. Für den Anfang ist es sicherlich noch nicht notwendig.

Moderne Dunkelkammer am Computer

Du weißt jetzt also wie man coole Fotos macht und auf was es bei der Ausrüstung ankommt. Wenn du denkst damit sei alles erledigt, dann täuschst du dich aber. Denn was früher die Filmentwicklung in der Dunkelkammer war, ist heute die die Bildbearbeitung am Rechner. Sie hat einen großen Einfluss auf das Gesamtbild deines Fotos und ermöglicht es dir, einen eigenen Bildlook zu entwickeln. Um deine Fotos am Rechner optimal zu bearbeiten musst du deine Kamera so einstellen, dass sie im RAW-Format fotografiert. Diese Dateien enthalten mehr Bildinformation als das übliche JPEG-Dateiformat. Um diese RAW-Fotos anzuschauen und zu bearbeiten brauchst du dann noch eine entsprechende Software. Hier gibt es mittlerweile einige verschiedene Anbieter am Markt. Sie alle liefern vergleichbare Ergebnisse und es kommt mal wieder auf deine persönliche Präferenz an. Wer sich mit der Bildbearbeitung noch nicht auskennt und mehr lernen möchte, tut sich mit dem Branchenprimus Adobe Lightroom wohl am leichtesten. Hierzu findet man im Internet die meisten Tutorials und Workshops. An dieser Stelle können wir nicht detaillierter auf die Bildbearbeitung eingehen, doch möchten wir dir noch einen Tipp mit auf den Weg geben: Weniger ist mehr! Gerade am Anfang ist man begeistert welche Möglichkeiten einem die digitale Bildbearbeitung ermöglicht und ist versucht, diese bis an ihre Grenzen auszureizen. Das sieht man den Fotos dann auch gerne an und das Ergebnis ist alles andere als ein natürlicher Bildlook. Denke daran, dass die Bildbearbeitung dir helfen kann aus einem guten Foto ein ausgezeichnetes Foto zu machen. Was sie nicht kann ist, aus einem schlechten Foto ein gutes Foto zu machen.

Diese Tipps stammen vom Outdoor-Fotografen Fabian Künzel @fabian_kuenzel, welcher leider 2020 viel zu früh verstarb. Als Augenblick-Fotograf der ersten Stunde bleibt Fabian mit seinen Bildern und Texten ein wichtiger Teil unserer Seilschaft. #gooutsideforfabi

Dein Berner Oberland

Landschaft, Geschichte, Infos

Es mag erstaunen, wer „diese Zickzackkämme, diese widerwärtigen Felsenwände" einst so abscheulich fand, „diese ungestalteten Granitpyramiden, welche die schönsten Weltbreiten mit den Schrecknissen des Nordpols bedecken": Niemand anderer als Johann Wolfgang von Goethe, der im Verlauf seiner zweiten Schweizreise im Herbst 1779 auch ins Berner Oberland kam. Zur Ehrenrettung des Dichterfürsten sei angeführt, dass das Hochgebirge damals, anno 1779, noch kaum erschlossen, wegen seiner tückischen Gefahren gefürchtet und als Sitz furchterregender Fabelwesen verschrien

lärer Eisenbahnstrecken. Das Wichtigste war jedoch die Erschließung dieser Region durch Hütten und der Ausbau der alten Berg-, Pass- und Zügelwege. Auf diesen findet man bis heute Relikte aus jenen Zeiten, in denen die Alpen noch kein „Playground" waren, sondern eine einsame und entbehrungsreiche Arbeitswelt.

Der südliche in den Alpen gelegene Bereich des Kantons Bern gilt bis heute als eine der schönsten Landschaften Europas. Das Berner Oberland – der Begriff geht auf die Etablierung eines eigenen, allerdings nur kurz-

In der Schweiz ist übrigens alles schöner und besser.
Adolf Muschg

war. Und dass sich der Reisende aus Weimar später begeistert von seiner Wanderung über die Große Scheidegg gezeigt und den Staubbachfall bei Lauterbrunnen zum Gegenstand eines seiner berühmtesten Gedichte gemacht hat.

Das trug dazu bei, dass die touristische Entwicklung im Berner Oberland früher als anderswo in den Alpen begann. Beflügelt wurde diese Erfolgsgeschichte von der aristokratischen Idee der „Grand Tour" durch Europa, dem Aufkommen des Alpinismus und nicht zuletzt durch den Bau spektaku-

lebigen Kantons durch Napoleon im Jahre 1798 zurück – reicht von der Quelle der Aare im Gletschergebiet um den Grimselpass bis ins Saanenland an der Sprachgrenze zur Romandie und von den Waldhügeln um den Thunersee bis zum Hauptkamm der Berner Alpen. An Tagen mit klarer Luft erblickt man schon von Bern aus einige Viertausender (Schreckhorn, Finsteraarhorn, Groß Fiescherhorn, Mönch und Jungfrau), aber auch das Wetterhorn, die berühmt-berüchtigte Eigernordwand, die sagenumwobene Blüemlisalp, die hohen Berge um Kandersteg und das Stockhorn.

Dein Augenblick

Tourenbeschreibungen

1 Der See im Zaubergarten

Der Name ist Programm: Bis weit in den Juli hinein kommen Blumenkenner auf dem Garte im Westen des Simmentals voll auf ihre Kosten.

Bilder von: **Wolfgang Heitzmann &**

Renate Gabriel

Walopsee – Garte 2040 m

Tourencharakter
Bergwanderung auf stellenweise steilen, steinigen und feuchten Pfaden (T2).
Im Gipfelbereich schwierige Orientierung bei Nebel! Unterwegs keine Einkehr-
möglichkeit.

Start und Ziel
Parkplatz in der Chlus, 1160 m; Zufahrt von Reidenbach bei Boltigen im Simmental (Bahnstation), 3 km, zuletzt noch 500 m auf grobem Schotter.

Schwierigkeit: **mittel**
Dauer: **4:50 h**
Länge: **10,5 km**
Aufstieg **920 hm**
Abstieg **920 hm**

Höhenlinienmodell mit Streckenverlauf

Höhenprofil

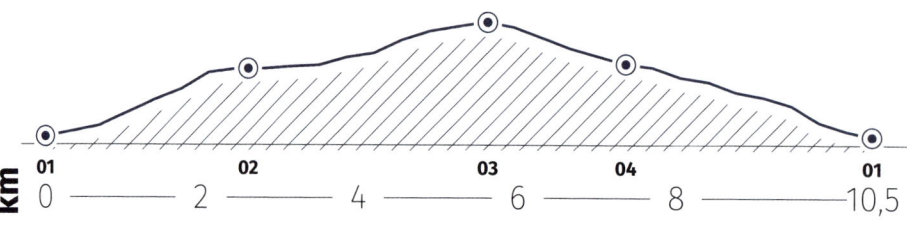

So ein idyllisches Bergwasser wie den Walopsee würde man in dieser stillen Ecke des Simmentals kaum vermuten. Mit einem Wort: Auf dieser Wanderung findet man landschaftliche Schmuckstücke der besonderen Art.

▶ Vom Parkplatz in der Chlus **01** weist die Beschilderung „Vordere Walop, Kaiseregg" bergwärts. Der alte Alpweg schlängelt sich durch steile Waldhänge und Schutthalden empor; zwei Passagen wurden aus den Felsen herausgeschlagen (Geländer, Brunnen). Nach der Überwindung von 400 Höhenmetern erreichen wir den Sattel „Uf Egg", hinter dem wir einen rauen Fahrweg und eine Hütte erreichen. Kurz darauf erblicken wir links unten den zauberhaft grünen Walopsee **02** 📷 (1614 m); 1 ½ Stunden. 500 m weiter taleinwärts breiten sich die Weiden der Vorderen Walop (1664 m) in einem breiten Hochtal vor der Steinkulisse der Kaiseregg (2185 m) aus. Dort zweigen wir

links Richtung „Luchere, Jaun" ab, gehen an einer Alphütte vorbei und steigen durch eine Mulde unter der Felsflanke des Rotenchaste (2216 m) auf einen Rücken (1790 m) an. Danach geht's durch das Kar der Underi Luchere mit seinen Dolinen zu zwei weiteren Hütten (Gaasche, 1966 m) weiter. Oberhalb davon gelangen wir von einer Wegteilung links in wenigen Minuten auf die Graskuppe des Gartes **03** (2040 m). Überraschend weit ist die Fernsicht an klaren Tagen – von den Simmentaler Fels- und Grasbergen bis zum Weisshorn im Wallis, von der Jungfrau bis zum 120 km entfernten Tödi in den Glarner Alpen; 1 ½ Stunden.

Im Abstieg folgen wir dem Schild „Rineschli, Chlus" erst weglos über den breiten, im Frühsommer in voller Blüte stehenden Wiesenbuckel des Gartes hinab – Zielpunkte sind die obersten Alphütten. Auf einem rauen Alpweg kommen wir dann zum Rohrboden **04** (1678 m) hinunter. Links flach weiter zur nächsten Hütte und links durch einen feuchten Graben hinab zum Rieneschli (1566 m). Nochmals links abzweigend steigen wir nun durch die linke Seite des eindrücklichen Reidiggrabens ab – anfänglich wieder auf schlecht erkennbarer Spur, aber direkt den Zacken des Trimlehore, der Chemiflue und des Chlushorns entgegen. Weiter unten führt ein guter Serpentinenweg in die Chlus  **01** hinunter; dort sind es links auf der Straße nur mehr wenige Minuten zum Parkplatz; 1 ¾ Stunden.

Gehen, sich bewegen, auf einen Berg steigen und wieder absteigen – das ist eine Parallele zum Leben. So gesehen hat der Berg große Symbolkraft und Bedeutung.

Peter Habeler

2 Spiegelspaziergang

In der Kletter-Community ist das Niederhorn (Niderhore) im Westen des Diemtigtals aufgrund seiner langgezogenen, mit senkrechten Klüften und Türmen geschmückten Ostwandflucht ein Begriff.

Bilder von: **Wolfgang Heitzmann & Renate Gabriel**

Seebergsee – Niderhore 2078 m

Tourencharakter
Abwechslungsreiche Bergwanderung auf Alpstraßen und stellenweise felsigen und rutschigen Pfaden, die Trittsicherheit erfordern (T2). Vorsicht im Gipfelbereich!

Start und Ziel
Parkplatz Seeberg im Osten des Diemtigtals, 1740 m; gebührenpflichtige Zufahrt von Zwischenflüh im Diemtigtal, 9 km (Bewilligung nur am Automat bei der Post erhältlich).

Schwierigkeit: **mittel**
Dauer: **4:00 h**
Länge: **11,5 km**
Aufstieg **590 hm**
Abstieg **590 hm**

Höhenlinienmodell mit Streckenverlauf

Höhenprofil

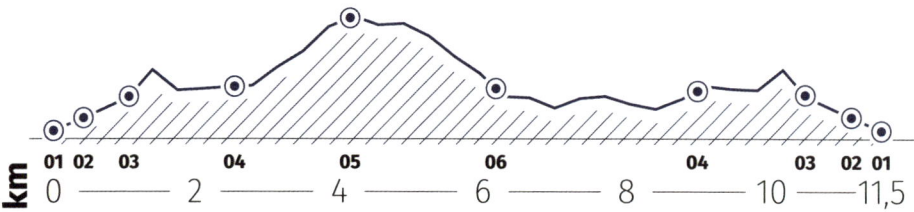

Es schien mir sinnlos, von den Wundern der Ferne immer nur zu träumen, ich wollte sie erleben.

Herbert Tichy (1912–1987)

Der schönste Weg auf das Niderhore beginnt beim Seebergsee, der sich einer geologisch interessanten Bergumrahmung erfreut und im Hochsommer sogar zum Baden einlädt.

▶ Vom Parkplatz Seeberg **01** führt ein Wanderpfad parallel zur Alpstraße aufwärts. Wer gleich zu Beginn im Restaurant Seeberg **02** (1800 m) einkehren möchte, zweigt nach wenigen Schritten links ab – ansonsten geht man durch das sanft ansteigende Wiesengelände rechts daran vorbei, bis ein Fahrweg (Berner Voralpenweg Nr. 37) rechts zum Seebergsee **03** **◯** (1831 m) führt; 20 Minuten. Von dort wandern wir, dem Wegweiser „Luegle, Boltigen" folgend, rechts auf einem Pfad

hinauf zum Puur-Sattel (1942 m) unter dem felsigen Geisshöri. Jenseits geht's mit Blick zu den Ostwänden des Niderhores zu den Weiden am Vordere Berg (1866 m) hinab und geradeaus an einer Abzweigung vorbei. Nach einer kleinen Anhöhe kommen wir dann rechts zu einer weiteren Kiesstraße (1850 m), der wir links über den Luegleboden folgen. Doch schon nach wenigen Schritten schwenken wir rechts Richtung „Luegle, Niderhore" auf einen Fahrweg ein, der zur Alphütte am Luegle **04** (1907 m) ansteigt.

Auf einem Pfad erreichen wir den nahen Luegle-Sattel (1930 m), in dem wir rechts abzweigen. Nun steigen wir durch eine Mulde

und an einer Hütte vorbei auf das breite, grasige Gipfelplateau des Niderhores **05** (2078 m) an; 1 ½ Stunden.

Abstieg nach Norden (Wegweiser „Vorder Niederhornalp") über die sanft abfallende Hochfläche – erst auf dem Pfad, bald aber auf einem steinigen Fahrweg, der rechts an der flachen Kuppe des Blutte Hubel vorbeiführt. Nach etwa 20 Minuten – noch hoch über der Alp Hindere Niderhore – zweigen wir rechts auf den beschilderten Pfad Richtung „Urscher" ab. Er führt durch die steile, von Lawinen- und Murenabgängen gezeichnete Nordostflanke des Berges und überwindet dann eine kurze Zone mit zerklüftetem Karstgestein. So erreichen wir nach weiteren 20 Minuten eine Alpstraße, der wir nach rechts folgen. Nach wenigen Metern zeigt die Beschilderung „Obergestelen, Seeberg-see" rechts die Abzweigung zum Urscher **06** (1840 m) an.

Auf schmaler Spur wandern wir nun durch eine licht bewaldete Karstlandschaft in eine verborgene Mulde mit zwei Alphütten und über einen kleinen Sattel. Dann folgt die 1,5 km lange Durchquerung der steilen Schutthalden am Fuß der Niderhore-Ostwände. Eine kurze felsige Passage ist mit Drahtseilen gesichert. Eine unmarkierte, links hinabführende Pfadspur bleibt unbeachtet. Nach 45 Minuten gelangen wir im sanften Auf und Ab zur Gabelung einer geteerten Straße auf der Alp Obergestelen, auf der wir rechts kurz zum Luegleboden ansteigen. Dort treffen wir auf den Zugangsweg **04**, dem wir links in 30 Minuten zum Seebergsee **03** (1838 m) und in weiteren 15 Minuten via Restaurant Seeberg **02** zum Parkplatz Seeberg **01** folgen.

1 : 50 000

3 Der Tausendsassa unter den Bergen

Ein „Wanderklassiker" im Simmental, ein Panoramapfad und ein kleiner Felsgipfel: Der Normalweg dort hinauf ist rau, der Abstieg luftig – und wer's noch schärfer liebt, findet dort sogar zwei kurze Klettersteige.

Bilder von: **Fabienne Bregenzer & Tina Fischer @wanderblondies**

Rinderberg 2079 m – Horeflue 1949 m

Tourencharakter
Höhenwanderung auf Alpstraßen und Pfaden (T2), die im Bereich des Gand-
louenegrats und auf der Horeflue Trittsicherheit und Schwindelfreiheit erfordern.

Start und Ziel
Zweisimmen, 946 m, Talstation der Gondelbahn Rinderberg in der Nähe des
Bahnhofs. Auffahrt zur Bergstation auf dem Rinderberg, 2004 m. Rückfahrt von
Saanenmöser mit der Bahn.

Schwierigkeit: **mittel**
Dauer: **3:10 h**
Länge: **9,3 km**
Aufstieg **130 hm**
Abstieg **130 hm**

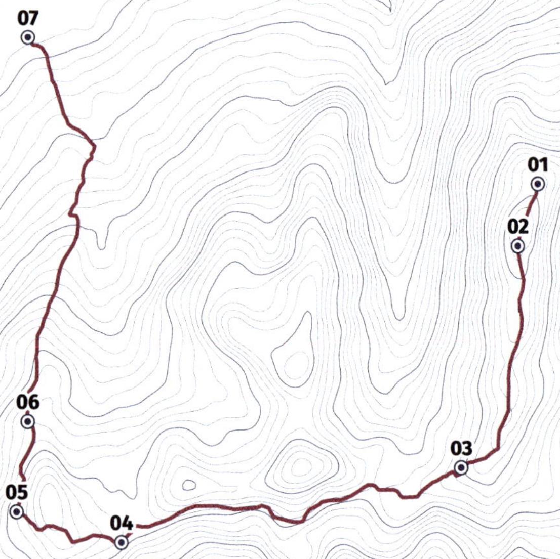

Höhenlinienmodell mit Streckenverlauf

Höhenprofil

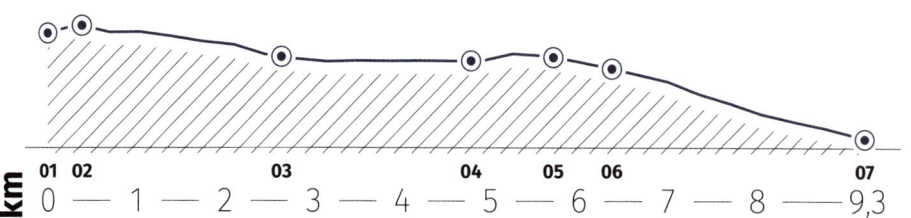

▶️ Von der Bergstation der Gondelbahn auf den Rinderberg **01** steigen wir kurz Richtung „Hornberg, Horneggli" auf den höchsten Punkt des Rinderbergs, den Hindere Spitz **02** (2079 m), an.

Vom hölzernen Adler des Bildhauers Hansueli Knöri wandern wir auf einem stellenweise mit Stufen versehenen Pfad (Berner Voralpenweg Nr. 37) über den schmalen, kuppigen und teils etwas felsigen Gandlouenegrat 📷 weiter nach Süden. Links unten erblickt man das Skigebiet von St. Stephan, rechts das Alpgebiet im Chaltebrunngrabe. Im Parwengesattel (1989 m) passieren wir

zwei Liftstationen, dann umgehen wir einen kleinen Hügel rechts auf einem breiten Weg. Nach einer weiteren Kuppe (1969 m) steigen wir rechts zur Alpwirtschaft Parwengen **03** (1836 m) ab. Nach 50 Minuten Gehzeit genießen wir von seiner Terrasse einen herrlichen Blick übers Turbachtal zum Giferspitz (2542 m)!

Nun wandern wir, dem Wegweiser „Hornberg, Horneggi (Höhenweg)" folgend, in 30 Minuten auf einer flachen Schotterstraße in einen weiten Sattel (1816 m) und durch die teils bewaldeten Südhänge des Horetube und des Hüenerspil zum Berghotel Hornberg **04** (1814 m). Von dort folgen wir der Beschilderung „Horneggli, Schönried" (Nr. 37), zweigen jedoch schon nach wenigen Schritten rechts Richtung Horeflue ab. Kurz darauf geht's nochmals rechts zu einer Liftstation hinauf. Davor zieht rechts der Pfad (Blumenweg) über einige Felsstufen auf die von einem Sendemast gekrönte Horeflue **05** (1949 m) empor; 30 Minuten.

Der kürzeste, aber auch anspruchsvollere Abstieg führt vom nahen Nordgipfel (1941 m) über den grasigen, weiter unten licht bewaldeten Nordgrat zum Horneggli **06** (1770 m) hinunter. Man kann aber auch auf der Aufstiegsroute zur zweiten Abzweigung zurückkehren und dort rechts Richtung „Horneggli, Schönried" abbiegen – so gelangt man unter den Kletterwänden auf der Westseite des Gipfels zum Berghaus bei der Bergstation der Sesselbahn; 30 Minuten.

Zuletzt wandern wir auf einem Pfad über Weiden und einem schütter bewaldeten Rücken zu den Liftstationen im Saanenwald (1416 m) hinab. Von dort folgen wir kurz einer Teerstraße, bevor wir rechts auf einem Wanderweg zur Bahnstation Saanenmöser **07** (1267 m) gelangen; 1 ¼ Stunden..

4 Ein Prosit dem Genfersee!

Im Talbecken zwischen dem Albristhorn und dem Wildstrubel-Massiv liegt Adelboden. Oberhalb davon gibt der Hahnenmoospass den Übergang ins obere Simmental frei.

Bilder von: **Fabienne Bregenzer & Tina Fischer @wanderblondies**

Hahnenmoospass 1950 m – Regenboldshorn 2193 m

Tourencharakter
Rundtour auf Alpstraßen und stellenweise steinigen Pfaden, die Trittsicherheit erfordern (T2). Mit der Gondelbahn Geils – Hahnenmoospass kann man die Tour abkürzen. Einkehrmöglichkeiten unterwegs am Hahnenmoospass und in der Alp Bütschi.

Start und Ziel
Adelboden, Ortsteil Oey, 1274 m; Talstation der Sillerenbahn; Bushaltestelle Mineralquelle (AFA-Linie 230). Auffahrt zur Bergstation Sillerenbühl, 1976 m (www.adelboden-silleren.ch). Rückfahrt vom Bergläger nach Oey mit der Gondelbahn.

Schwierigkeit: **mittel**
Dauer: **4:15 h**
Länge: **13,7 km**
Aufstieg **570 hm**
Abstieg **570 hm**

Höhenlinienmodell mit Streckenverlauf

Höhenprofil

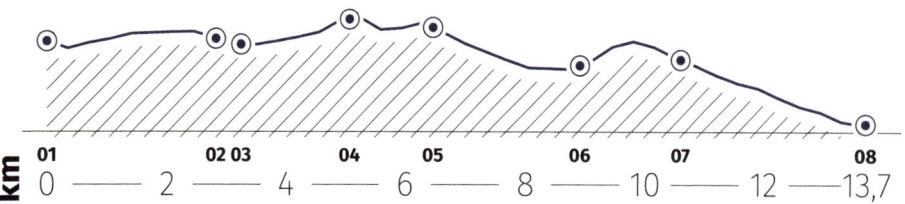

km

| 01 | | 02 03 | | 04 | 05 | | 06 | 07 | | 08 |
| 0 | 2 | 4 | | 6 | | 8 | 10 | | 12 | 13,7 |

In alten Zeiten nannte man diese Strecke die „Reyfstraße", denn man transportierte auf ihr den „Reyfwein" vom Ufer (la rive) des Genfersees nach Bern. Prosit!

▶ Die Route vom Sillerenbühl **01** 📷 zum Hahnenmoospass wurde als „Blumenweg" ausgestaltet. Sie verläuft von der Seilbahnstation auf der Zufahrtsstraße (Wegweiser „Hahnenmoos"), führt aber nach knapp 300 m von einer Gabelung auf einem breiten Kammweg weiter. Bald umgeht man einen Hügel, bevor der Weg von der nächsten Senke links durch die Abhänge des Laveygrats **02** führt. Im sanften Auf und Ab geht's durch steiniges Gelände und unter einer Sesselbahn hindurch zum Hahnenmoospass **03** (1956 m). Auf diesen Sattel zwischen Adelboden und der Lenk führt eine Gondelbahn (Berghotel, Kiosk); 1 Stunde..

Mit der Beschilderung „Luegi, Regenbolshorn" gelangen wir auf einem Fahrweg zu einer Abzweigung, von der wir links auf dem Kiesweg („Rundweg Metschstand") zum Sattel Ufem Blatti (1991 m) wandern. Danach geht's durch die Ostseite des Metschstands zur nächsten Weggabelung, bei der rechts der Gipfelabstecher (Wegweiser „Bummerepass, Rägeboldshore") beginnt. Nach dem kurzen Anstieg in die Senke des Bummerepasses (2055 m) folgen wir dem Wegweiser „Rägeboldshore" nach links. Ein steiler und bei Nässe sehr rutschiger Pfad zieht neben dem Westgrat zum Gipfel des Regenboldshorns **04**

(2198 m) empor. Großartiger Rundblick; 50 Minuten.

Nach dem Abstieg über den Bummerepass zur erwähnten Gabelung unter dem Metschstand zweigen wir dort rechts Richtung „Luegli – Geils" ab und durchqueren auf einem schmalen Pfad die steile Flanke unter den Nordabstürzen des Regenboldshorns. Nach der Unterquerung einer Sesselbahn gelangen wir in den Sattel des Luegli **05** (2080 m); 30 Minuten vom Gipfel. Von der dortigen Wegverzweigung wählen wir die mittlere Route Richtung „Bütschi, Chuenisbärgli", die ins einsame Kar (Gruebleta) am Fuße des Ammertespitz hinabzieht. Durch Matten und über einen Moränenrücken gelangen wir zu einigen Alphütten. Auf einem Fahrweg erreichen wir nach 40 Minuten die Abzweigung auf der Alp Bütschi **06** (1815 m). Dort biegen wir rechts auf den asphaltierten Fahrweg Rich-

tung „Toneggrat, Chuenisbärgli" ab und passieren eine Alpwirtschaft. Von dort führt ein Wanderweg auf eine Anhöhe (1925 m) und weiter durch die steile Flanke „Im Hangilaub" bis zum Troneggrat im Norden des Fitzer (2458 m). Über diesen Grasrücken marschieren wir dem Waldbuckel des Höchsthore (1912 m) entgegen, bleiben bei der folgenden Wegteilung links Richtung „Kuonisbergli" und folgen dem Grat noch etwa 200 m, bis wir links durch einen steilen Waldhang zu den obersten Weiden absteigen können.

Dort verlassen wir die Route zum Höchsthore/Chuenisbärgli nach links und erreichen bei der unteren von zwei Alphütten am Teufebode **07** (1794 m) einen Fahrweg, der in weiten Kehren zum Bergläger **08** (1486 m) im Tal des Geilsbachs hinunterführt (eine davon lässt sich auf einem Wanderweg abkürzen); 1 ¼ Stunden.

5 Steinberge & Steinböcke

Bilderbuchtour! Für die Wanderung über den Guggisgrat hat dieser Begriff wirklich seine Berechtigung, denn an Tagen mit klarer Luft bietet dieser eine unglaublich schöne Sicht vom Jura über die Simmentaler Berge und die Blüemlisalp bis zu Jungfrau, Mönch und Eiger. Und manchmal auch zu Steinböcken, die hier kaum Scheu zeigen.

Bilder von: **Wolfgang Heitzmann &**

Renate Gabriel

Niederhorn 1964 m – Gemmenalphorn 2061 m

Tourencharakter
Aussichtsreiche Grat- und Bergwanderung auf gut angelegten Pfaden und Alpstraßen; Seilsicherung an einigen ausgesetzten Stellen zwischen dem Burgfeldstand und dem Gemmenalphorn (T3). Einkehren kann man nur bei der Bergstation und in Waldegg.

Start und Ziel
Beatenberg, 1137 m, Talstation der Gruppenumlaufbahn auf das Niederhorn; Postauto-Haltestelle. Auffahrt zur Bergstation am Niederhorn, 1932 m (www.niederhorn.ch). Rückfahrt von Waldegg mit dem Postauto (Linie 101).

Schwierigkeit: **mittel**
Dauer: **3:30 h**
Länge: **11,2 km**
Aufstieg **340 hm**
Abstieg **1060 hm**

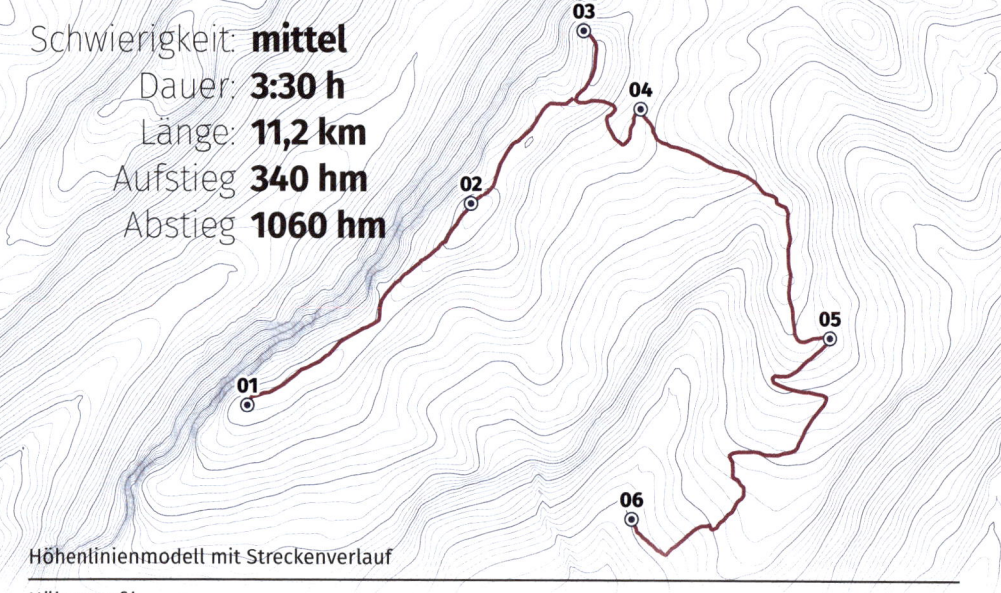

Höhenlinienmodell mit Streckenverlauf

Höhenprofil

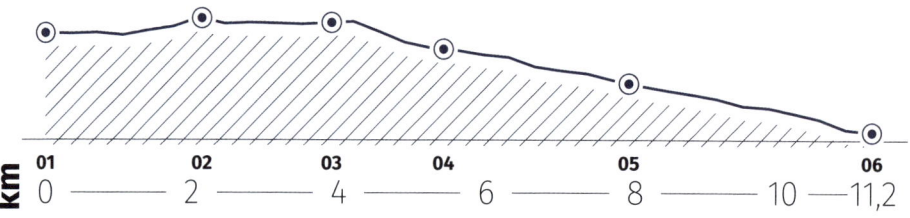

Die Landschaft erobert man mit den Schuhsohlen, nicht mit den Autoreifen.

Georges Duhamel (1884–1966)

▶ Nach der Ankunft in der Seilbahn-Bergstation auf dem Niederhorn **01** (Berghaus Niederhorn) lohnt sich zunächst der kurze Abstecher auf den Gipfel (1964 m) bzw. zur nahen Aussichtsterrasse (Panorama über den Thunersee und bis zum Jura). Dann wandern wir, dem Wegweiser „Gemmenalphorn" folgend, über den Güggisgrat, der rechts mit weiten Grashängen abdacht (Sicht zu den Gletscherbergen der Berner Alpen) **⬛** und links steile Felsflanken aufweist (Blick über das Justital zum Sigriswiler Rothorn) nach Nordosten. Vorbei an einem kleinen Kreuz erreichen wir im sanften Abstieg einen ausgedehnten Grassattel (1918 m) mit einer Abzweigung. Links geht's zum Burgfeldstand **02**

(2063 m) empor – das ist der höchste Punkt des Kammes. Von dort führt der Pfad in eine Scharte hinab und durch ausgesetztes Gelände links an schroffen Felsformationen vorbei (Stufen, Sicherungen). Dann geht's wieder durch die rechte Flanke und über zwei Kuppen in eine weitere Senke. Von dort steigen wir links über den Südkamm (mit einer kurzen heiklen Stelle) zum Gipfel des Gemmenalphorns **03** (2061 m) an. Es erwartet uns eine prachtvolle Rundsicht, die nun im Nordosten auch die schräge Karsthochfläche der „Sieben Hengste" und den Hohgant inkludiert; 1 ½ Stunden..

Die Abstiegsroute verläuft zunächst wieder auf dem Aufstiegspfad zur obersten Weg-

gabelung hinab und links (Beschilderung „Beatenberg/Waldegg"). Durch Grashänge steigen wir zur Gemmenalp/Oberberg **04** (1818 m) ab.

Weiter geht's rechts auf dem Fahrweg Richtung „Waldegg", den wir jedoch nach etwa 100 m links auf einem Wanderpfad verlassen. Er führt links um einen bewaldeten Hügel herum, bis er nach 1 km auf eine weitere Schotterstraße trifft. Diese leitet uns

über einen Rücken (Leimeren) nach Süden zur Hütte auf Schwendi **05** (1557 m). Nun wandern wir durch das Skigebiet der Waldeggallmi talwärts – auf den Kehren einer Straße, aber dafür direkt den vergletscherten Berner Hochgipfeln um Eiger, Mönch und Jungfrau entgegen.

Zuletzt nutzen wir nochmals einen Wanderweg, bis wir nach 2:00 Stunden in der Ortschaft Waldegg **06** (1202 m) ankommen.

6 Spaziergang in die Vergangenheit

Rund um Spiez findet man eine zauberhafte Gegend mit viel Geschichte. Ein Rundweg lädt zu einer erlebnisreichen Zeitreise zwischen dem von Weinreben gesäumten Thunersee und den Eisriesen des Berner Oberlands ein.

Bilder von: **Markus Manfredi**

@swissaround_

Der Spiezer Rundwanderweg

Tourencharakter
Lange Rundwanderung auf Nebenstraßen und Wanderwegen, die nur einige kurze steilere Passagen aufweisen (T1). Einkehren kann man unterwegs in Spiez, Faulensee, Hondrich und Spiezwiler.

Start und Ziel
Spiez, 628 m, Bahnhof; Postauto-Haltestelle und gebührenpflichtige Parkplätze im Ort.

Schwierigkeit: **leicht**
Dauer: **4:15 h**
Länge: **16 km**
Aufstieg **360 hm**
Abstieg **360 hm**

Höhenlinienmodell mit Streckenverlauf

Höhenprofil

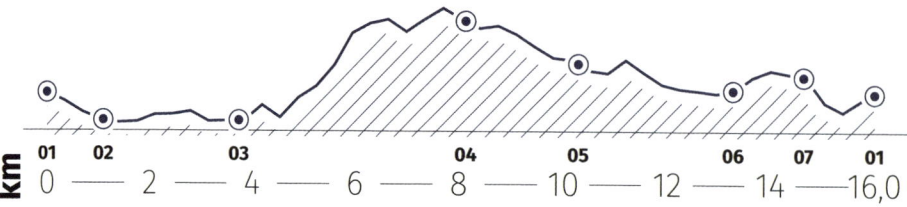

Zwischen Thun und Interlaken, am tiefblauen Thunersee gelegen, erlebst du die Kraft des Sees vor atemberaubender Bergkulisse.

thunersee.ch

Dieser Rundweg bietet eine gute Gelegenheit, die vielfältige Landschaft zwischen dem Südufer des Thunersees und der alles beherrschenden Bergpyramide des Niesen zu erkunden. Er besteht aus vier Abschnitten: Zu Beginn wandert man von Spiez, dem „Kraftort am Wasser", auf dem 1914 eröffneten Strandweg ins Nachbardorf Faulensee, dann auf dem Höhenweg nach Hondrich und Spiezwiler. Von dort führt der gleichnamige Weg nach Spiezmoos. Mit dem Rebenweg bietet die Runde ein würdiges Finale. Unterwegs gibt es viele naturkundliche und kulturelle Besonderheiten, genießt immer wieder eine herrliche Sicht zu den Berner Alpen und hat natürlich auch immer wieder den Thunersee im Blick.

▶ Gegenüber vom Bahnhof in Spiez **01** folgen wir den Schildern „Spiez/Schloss, Spiezberg" nach links, gehen nach 80 m rechts zur Seestraße hinunter und auf dieser links zum Kronenplatz. Von dort Richtung „Spiez/Schloss" etwa 200 m auf der Seestraße weiter, bis man links auf der Straße zum Schloss Spiez **02** 📷 (575 m, Museum) gelangt. Rechts daneben führt eine Treppe zur Bucht von Spiez (Schiffstation) hinunter. Dort folgen wir dem Schild „Faulensee" zum Freibad, wo sich das erste Schild des Rundwanderweges Spiez befin-

den Seeholzwald und zu einem Forsthaus. Rechts geht's weiter zur Wiese der Seeholzallmend. Danach steigt die Route links stärker an, biegt rechts nach Eggi ab und verläuft auf der Rüttistraße ins Bergdorf Hondrich **04** (760 m); 1 ¼ Stunden ab Faulensee. Beim Schulhaus folgen wir dem Rundwanderweg nach rechts. Nach 250 m zweigen wir rechts auf den Mechtenriedweg ab. Nach einem kurzen steilen Abstieg kommen wir nach Spiezwiler **05** (655 m), wo wir dem Gehsteig neben der Frutigenstraße rechts folgen. Nach 300 m führen rechts Stufen in die Siedlung Stutz, durch die wir ins Ortszentrum gelangen; 30 Minuten ab Hondrich. Einige Schritte weiter überqueren wir die Hauptstraße links (Zebrastreifen oder Fußgängerbrücke) und wandern auf dem Plattenweg in den Spiezwilerwald hinauf. Dort geht es auf dem Riedliweg zu einer Gabelung und rechts weiter. Von den Wiesen um Riedli sehen wir schon den Stauweiher Spiezmoos, zu dem wir vor dem Bahnübergang bei Lattigen (627 m) rechts abzweigen. Jenseits der Autobahnbrücke zweigen wir am Ufer links ab, überqueren die Bahnlinie und biegen nach 100 m rechts Richtung „Spiez" ab. Hinter der Eisenbahnbrücke befindet sich die Ortschaft Spiezmoos **06** (620 m), wo wir nochmals rechts abzweigen.

det. Es weist links zu einem Tor, bei dem der Strandweg nach Faulensee beginnt. Er führt am Seeufer entlang. Nach 45 Minuten erreichen wir das Dorf Faulensee **03** (561 m). Vom Guesthouse Bellerive unterhalb der Kirche gehen wir 50 m nach links und am Strandhotel Seeblick vorbei. Dann überqueren wir die Straße nach rechts und folgen dem Dorfgässli zu einer Abzweigung und links zu einer Querstraße. Dies ist der Allmendweg, der links zur Eisenbahnbrücke führt, danach die Autobahn unterquert und zur Krattigstraße ansteigt.

Gegenüber der Einmündung bei einem Holzwerk führt der Rundwanderweg in

Nach 70 m wird links die Hauptstraße unter- und dann die Werkstraße überquert; 30 Minuten ab Spiezwiler. Dann wandern wir auf dem Weidliweg durch eine Siedlung zu einer Grillstelle. Der letzte Wegabschnitt führt über den Spiezberg **07** (687 m) und – rechts absteigend – wieder Richtung Schloss Spiez. Auf der Zugangsroute geht es zurück bis zum Bahnhof in Spiez **01**. Gehzeit ab Spiezmoos 1 ¼ Stunden.

7 Panoramawandern zum Pochtefall

Es ist ein mächtiger Moränenwall, den der eiszeitliche Kandergletscher über dem Südufer des Thunersees hinterlassen hat. Heute ist diese Anhöhe unter dem Namen Aeschiallmi als Aussichtspunkt bekannt. Im Dorf, das gleich unterhalb davon liegt, beginnt eine wunderschöne Rundwanderung, bei der sich das See- und Bergpanorama noch weiter steigert.

Bilder von: **Michael Bender @insulinandphotoshots**

Aeschiried – Alp Brunni – Pochtefall 1644 m

Tourencharakter
Abwechslungsreiche Berg- und Talwanderung auf Pfaden und einer Asphalt-straße. Einkehren kann man im Restaurant Pochtefall und an Wochenenden im Sommer auch in der Clubhütte Brunni.

Start und Ziel
Aeschiried, 1015 m; gebührenpflichtiger Parkplatz beim Schulhaus, Postauto-Zufahrt von Spiez über Aeschi (Linie 29).

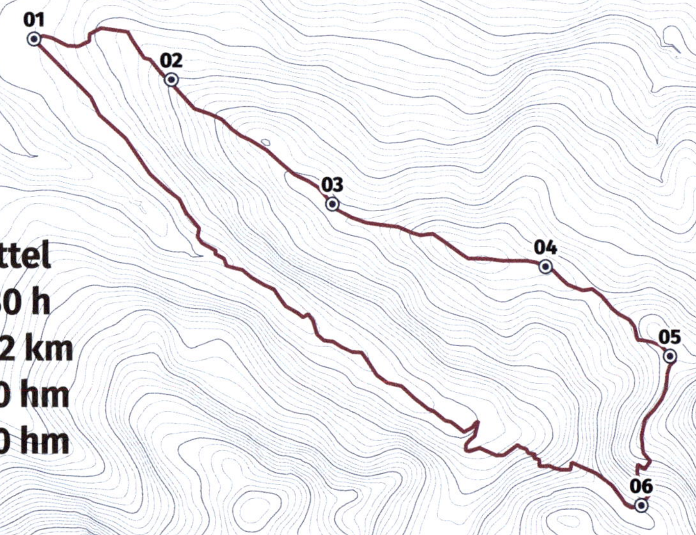

Schwierigkeit: **mittel**
Dauer: **4:30 h**
Länge: **13,2 km**
Aufstieg **760 hm**
Abstieg **760 hm**

Höhenlinienmodell mit Streckenverlauf

Höhenprofil

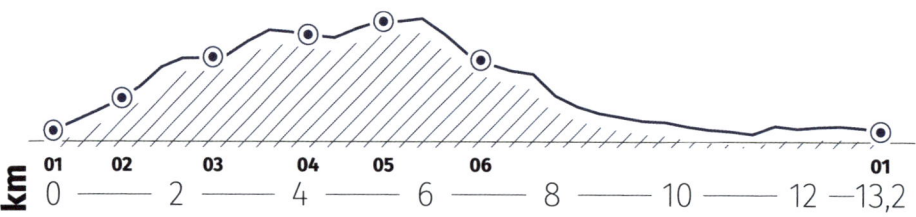

66

Ich habe mir meine besten Gedanken ergangen und kenne keinen Kummer, den man nicht weggehen kann.

Søren Kierkegaard (1813–1855)

▶ Beim Parkplatz in Aeschiried **01** zeigt der Wegweiser „Aeschiallmi, Brunni" die Aufstiegsrichtung. Wir wandern zunächst auf einer Asphaltstraße (Allmigässli) bergauf ⊙ und zweigen nach ungefähr 300 m links auf den beschilderten Wanderweg ab. Nun geht's durch Wiesen zu einem Skilift (Skihütte) auf dem Grasrücken der Aeschiallmi **02** (1128 m) hinauf (Sicht zum Thunersee und zum Niesen, nach Interlaken und ins Entschtligetal Richtung Adelboden). Über den freien Rücken und neben dem oberen Skilift wandern wir dann in zunehmender Steigung auf den bewaldeten Spitz (1424 m). Es folgt eine flachere Kammüberschreitung oberhalb der Alp Bireberg **03** (1420 m).

Danach geht's wieder etwas anstrengender über einen Waldrücken zur Wiesenkuppe der Greberegg **04** (1595 m) hinauf. Von dort gelangen wir – bei einer Abzweigung geradeaus bleibend – in eine Kammsenke (1534 m) und in die südseitigen Hänge des Rückens, durch die wir schließlich zur Hütte des Skiclubs Leissigen auf der Alp Brunni **05** (1646 m) ansteigen.

Nach circa 2 ¼ Stunden haben wir dort den höchsten Punkt der Tour erreicht. Es lohnt sich, noch ein Stück gegen die Felsen des Morgenberghorns (2248 m) hinaufzugehen – mit jedem Schritt wird der Blick zum Thunersee schöner und umfassender! Von der Hütte führt der mit „Lauene, Suld" beschilderte Pfad südwärts hinab. Bis zur steilen Bergwiese der Huetmad ist er manchmal recht nass. Nach einer Hütte zweigen wir rechts ab und steigen zum Boden von Louene **06** (1361 m) ab. Weit hinten über dem Talschluss zeigt sich die mächtige Schwalmere (2777 m); 45 Minuten.

Von dort geht's rechts auf dem Pfad Richtung „Suld, Aeschi" neben dem Latrejebach weiter. Nach etwa 600 m teilt sich der Pfad. Man kann geradeaus auf dem alten Alpweg bleiben oder links (Wegweiser „Pochtefall, Suld, Rundweg") über die nahe Brücke gehen und dann rechts durch den steilen Waldhang absteigen. In jedem Fall tut sich ein schöner Blick zum Pochtefall auf, der über eine 80 m hohe Felswand stürzt. Da wie dort gelangen wir nach etwa 30 Minuten zum Restaurant Pochtefall in Suld (1080 m, Postauto-Haltestelle). Dort lohnt sich eine Einkehr und ein Blick auf das alte Mühlrad hinter dem Haus. Auf der linken (südlichen) Talseite führt ein Wanderweg Richtung „Aeschiried, Aeschi" hinaus. Im Anschluss an ein kurzes Stück auf einer Alpstraße geht's neben der munter plätschernden Suld dahin.

Nach 1 km führt eine Brücke rechts über den Bach; nach weiteren 700 m zweigen wir rechts ab und wandern kurz zur Asphaltstraße hinauf. Auf dieser gelangen wir über Unterallmi (1036 m) ins noch 1,6 km entfernte Aeschiried **01** zurück; 1 Stunde.

8 Nebel am Niesen

Aus der leicht umwölkten Gipfelperspektive scheinen Alphütten wie Ameisen am Niesen zu krabbeln. Noch kleiner erscheinen die Menschen, die „by fair means" auf die Spitze des legendären Schweizer Aussichtsbergs hinaufsteigen. Eine extrasteile Zahnradbahn erspart gemütlicheren WanderInnen die Aufstiegsmühen.

Bilder von: **Michael Bender @insulinandphotoshots**

Auf den Niesen

Tourencharakter
Anspruchsvolle Bergwanderung auf stellenweise steilen und steinigen Pfaden (T2). Bei Schneelage gefährlich. Eine Übernachtung im Berghaus auf dem Niesen ist sehr empfehlenswert!

Start und Ziel
Mülenen, 692 m, Talstation der Niesenbahn neben der Bahnstation; Parkplatz. Auffahrt mit der Niesenbahn zur Mittelstation Schwandegg, 1663 m.

Schwierigkeit: **mittel**
Dauer: **4:15 h**
Länge: **6,6 km**
Aufstieg **740 hm**
Abstieg **740 hm**

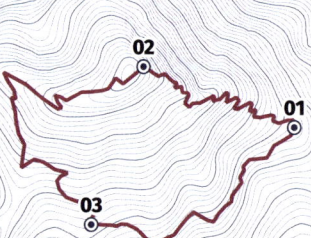

Höhenlinienmodell mit Streckenverlauf

Höhenprofil

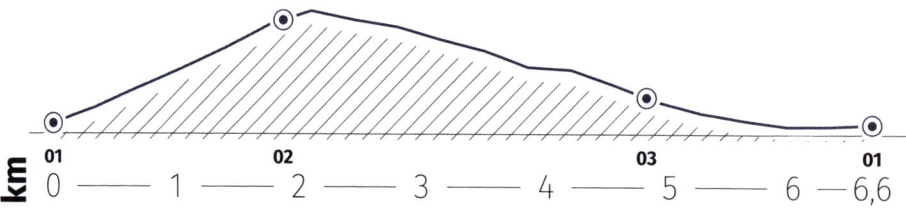

▶ Vor der Mittelstation Schwandegg **01** (Getränkeautomat) weist die Beschilderung „Rebmattli, Niesen" auf jenen Pfad, der etwas weiter oben das überdeckte Trassee der Zahnradbahn quert, einen schönen Platz mit Blick auf den Thunersee passiert und dann sehr steil durch den Wald ansteigt. Auf dem immer steiler werdenden Hang kommen wir an Lawinenverbauungen vorbei; der Weg ist mit vielen Stufen, steinernen Mauern und einem weiteren Aussichtsplatz versehen. Unter dem Glogghore (1984 m) quert man dann nach links und gelangt im Bereich der Waldgrenze zum Wiesenhang des Räbmattli, unter dem die Bahn durch einen Tunnel rattert. Zuletzt geht's in unzähligen Serpentinen zwischen den Brücken der Bahn und der Abbruchkante des Niesen-Südostgrats zu einer Alphütte und zur Bergstation empor. Von dort führt ein breiter, ebener Weg links zum nahen Berghaus (2336 m), vor dem rechts der kurze

Weg zum höchsten Punkt des Niesen **02** **◎** (2362 m) beginnt. Nach 2 ¼ Stunden Aufstiegszeit lädt die Panoramaplattform rund um die Antenne zur Rast und zum Schauen ein.

Nach der Rückkehr zum Berghaus biegen wir scharf nach rechts Richtung „Alp Oberniesen, Schwandegg" ab, gehen nördlich um das Gebäude herum und steigen dann auf dem Pfad über den Westgrat bzw. durch seine steile südseitige Wiesenflanke ab. Nach gut 1 km zweigen wir links ab (Wegweiser „Alp Oberniesen, Schwandegg") und wandern schräg durch den Hang zum nach Südwesten ziehenden Niesengrat hinab.

Dort erreicht man auf einer von den Kühen gern frequentierten Anhöhe eine Weggabelung (1988 m), von der wir dem linken, stellenweise recht steilen Pfad ins Kar hinunter folgen. Nach 1 ¼ Stunden biegen wir bei den Hütten auf der Alp Oberniesen **03** (1813 m) nochmals scharf links ab und gehen unter der Materialseilbahn hindurch.

Dann steigen wir noch einmal steil und über einige Felsstufen ab, bevor wir einen Wasserlauf, abschüssige Grashänge und einen weiteren Graben durchqueren. Von der Alpport-Hütte geht's links weiter und schließlich noch etwas zur Mittelstation Schwandegg **01** bergauf; 45 Minuten.

9 Der Bahnweg zum Blausee

Eine geologische Katastrophe schuf mit dem Blausee ein ganz besonderes Naturwunder, das seine Besucher in den Bann zieht.

Bilder von: **Maxim Moskalenko**

@maximmosk

Rund um den Blausee

Tourencharakter
Abwechslungsreiche Wanderung auf Nebenstraßen und Pfaden (T2); zuletzt muss man auf steilen Metalltreppen durch schroffes Felsgelände absteigen. Für den Besuch des Naturparks Blausee ist eine Eintrittsgebühr zu bezahlen.

Start und Ziel
Kandergrund südlich von Frutigen, Parkplatz vor der Gemeindeverwaltung unterhalb der Kirche, 857 m; Bushaltestelle.

Schwierigkeit: **mittel**
Dauer: **2:45 h**
Länge: **8,6 m**
Aufstieg **300 hm**
Abstieg **300 hm**

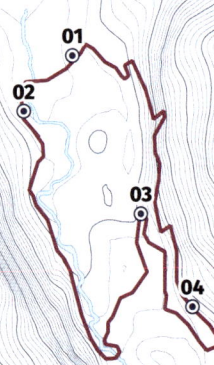

Höhenlinienmodell mit Streckenverlauf

Höhenprofil

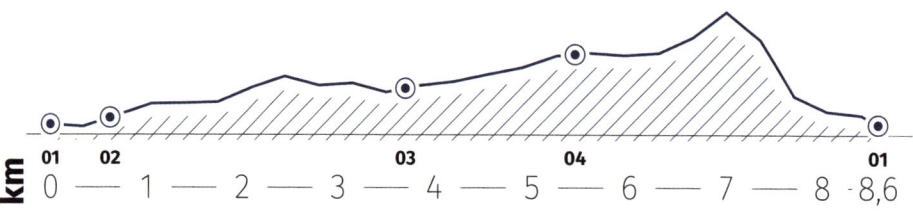

> Bei jedem Schritt mit der Natur bekommt jemand weit mehr als er sucht.
>
> John Muir (1838–1914)

Interessiert an der berühmten Lötschbergbahn? Dann auf zum BLS-Bahnerlebnisweg an der Nordrampe dieses Schienenweges zwischen Frutigen und Kandersteg, an der man viele spannende Details aus der Baugeschichte erfährt.

▶ Vom Parkplatz vor der Gemeindeverwaltung in Kandergrund **01** gehen wir zum Gasthof Altels und folgen der Hauptstraße links (taleinwärts), bis wir nach 70 m rechts abzweigen (Beschilderung „BKW"). Durch die Siedlung Innerkandergrund und über die nahe Kanderbrücke gelangen wir zum E-Werk Kandergrund **02** (850 m), bei dem wir links Richtung „Blausee, Kandersteg" abbiegen. Wir passieren die Druckrohr-

leitungen und wandern neben der Kander nach Süden. Nach 1,3 km sehen wir jenseits des Flusses die Fischzucht und den Spielplatz am Blausee **03** 📷 (887 m), zu dem ein Metallsteg hinüberführt. Wer dieses glasklare Naturwunder besucht, wird gebeten, das Eintrittsbillett beim Haupteingang zu kaufen; 1 Stunde.

Wer den Blausee nicht besucht, wandert auf der Kiesstraße neben der Kander noch 500 m weiter taleinwärts und biegt dann links zu einer Brücke ab. Jenseits gelangt man zur Hauptstraße, der man circa 150 m auf dem Gehsteig nach links zum Parkplatz beim Blausee-Haupteingang (900 m) folgt – dieser Umweg nimmt etwa 20 Minuten in An-

spruch.Bei der Bushaltestelle befindet sich eine Infotafel des Bahnwanderweges. Von dort folgen wir dem Wegweiser „Mitholz, Hemlige, Kandersteg" hinauf zu einer Teerstraße, auf der wir rechts weiterwandern. Nach den Felsenburgtunnels I und II zweigen wir links ab, gehen durch die Bahn-Unterführung und durch den Weiler Mitholz. Nahe der Hauptstraße biegen wir nochmals links ab („Undere Giesene, Oeschinensee"). Durch zwei weitere Unterführungen gelangen wir zur Station Blausee-Mitholz **04** (974 m); 25 Minuten.

Dort geht's durch die Unterführung zum vorderen Bahnsteig und auf diesem rechts zu einem Drehkreuz. Dahinter führt der Bahnerlebnisweg links neben dem Tunnel III vorbei, unterhalb der Bahn weiter und zweimal unter dem 76 m langen Felsenburg-Viadukt hindurch. Bei der folgenden Wegkreuzung bleiben wir geradeaus und wandern neben der Bahn zu einem Rastplatz. Danach unterquert der Bahnerlebnisweg den Fürtenviadukt und steigt über den Wandabbrüchen der Fürtfluh an. Schließlich geht's steil auf Metalltreppen bergab. So gelangen wir hinab zum unteren Bahntrassee, neben dem wir eine Straße erreichen. Bald geht's links unter der Bahnlinie durch und gleich wieder rechts in den Weiler Bunderbach. Hinter der Kirche gelangen wir wieder zum Parkplatz in Kandergrund **01** zurück; 1 Stunde.

10 Seen-Sucht in der Schweiz

Mit einer Fläche von 1,1 Quadratkilometern und einer maximalen Tiefe von 56 Metern zählt der Oeschinensee zu den größten Bergseen der Schweiz. Und ganz sicher auch zu den schönsten, denn sein türkiser, vom Gletscherwasser getrübter Spiegel liegt direkt unter dem Dolden- und dem Fündenhorn.

Bilder von: **Makeila Rose Lundy @makeilarose**

Zum Oeschinensee

Tourencharakter
Bergwanderung auf Alpstraßen und teils ausgesetzten Pfaden (T3); bei Schneelage gefährlich. Einkehrmöglichkeiten: Hotels am See, Restaurant Zur Sennhütte, Alp Ober- und Underbärgli.

Start und Ziel
Kandersteg, Talstation der Gondelbahn zum Oeschinensee, 1192; Parkplatz,
Ortsbus vom Bahnhof. Auffahrt zur Bergstation, 1683 m. Talfahrt ebenfalls mit
der Gondelbahn (www.kandersteg.ch).

Schwierigkeit: **mittel**
Dauer: **3:30 h**
Länge: **8,1 km**
Aufstieg **420 hm**
Abstieg **420 hm**

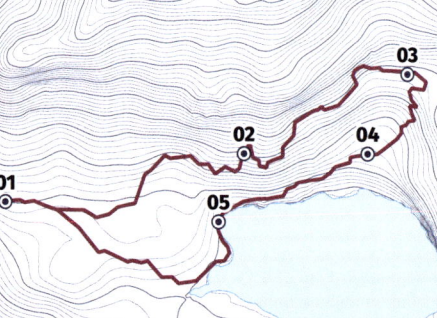

Höhenlinienmodell mit Streckenverlauf

Höhenprofil

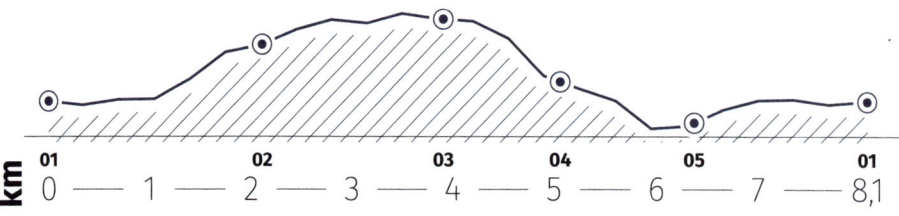

Des Wanderns Lust ist, dass man die Zwecklosigkeit genießt. Genüge im eigenen Selbst zu finden, das ist des Wanderns höchste Stufe.

Lièzi (um 450 v. Chr.)

▶ Von der Bergstation **01** spazieren wir auf der Alpstraße Richtung „Oeschinensee" 200 m zur Wege-Dreiteilung nahe dem sogenannten Schatthaus (1670 m).

Dort folgen wir der Beschilderung „Läger/ Oeschinensee" nach links, bis wir nach weiteren 600 m links auf den Pfad mit dem Wegweiser „Heuberg – Ober Bärgli, Hohtürli/Blüemlisalphütte" abzweigen. Dieser steigt durch lichten Wald, eine Felsflanke und Schutt zu einer kleinen Hütte an. Dann geht's durch steile Grashänge und einen Graben zum kleinen Aussichtsplatz am Heuberg **02** (1940 m) hinauf. Der Blick zum 360 m weiter unten gelegenen Oeschinensee hat's in sich – doch der Flurname erinnert daran, dass selbst in diesem abschüssigen Gelände einst Gras gemäht und das Heu zu Tal gebracht wurde (ebenso wie gegenüber auf den Steilhängen am Fründschnuer und „I der Fründe"); 1 ¼ Stunden.

Auch der weitere Weg durch die grasig-felsigen und von Rinnen zerfurchten Südabhänge des Dündenhorns (2862 m) ist ziemlich ausgesetzt; angesichts der stetigen Steinschlaggefahr sollte man dort nicht verweilen. Nach etwa 30 Minuten erwartet uns auf der Alp Oberbärgli **03** (1973 m) eine gemütliche Einkehrmöglichkeit – an einem fantastischen Platz vor der Kulisse des Blüemlisalphorns und der Wyssi Frau,

mit Blick zum sagenumwobenen Blüemlisalpgletscher. Für den Abstieg folgen wir dem Wegweiser der Via Alpina (Nr. 1) Richtung „Oeschinensee, Kandersteg". Anstelle des steilen Pfades zum Underbärgli haben die Alpbewirtschafter einen breiteren Weg durch die felsigen Steilabstürze zwischen Ober- und Underbärgli gesprengt und damit auch einen sicheren Zügelweg für das Weidevieh geschaffen. Nach etwa 15 Minuten empfängt uns mit dem Bergbeizli Underbärgli **04** (1890 m) die nächste Einkehrstation. Mit Blick auf das Doldenhorn (3638 m) und das Blüemlisalphorn (3661 m) wandern wir über Weiden und durch Wald hinab zum Oeschinensee (1522 m). Unterwegs gibt's wieder fantastische Blicke aufs Wasser, aber

auch zu den Karstquellen und Wasserfällen über seinem Ufer. Nach den Felsüberhängen beim Holzbalme zweigen wir rechts ab und wandern zum Restaurant Zur Sennhütte **05** ⬛ (1659 m) am Läger hinauf; 45 Minuten. Zuletzt kehren wir auf dem Fahrweg in 25 Minuten zur Bergstation **01** der Gondelbahn (1683 m) zurück.

Variante: Ungefähr 1 Stunde nimmt die längere Wanderung von der Alp Underbärgli über dem Nordufer bis zum Berghotel Oeschinensee bzw. zum Berghaus im Westen des Oeschinensees (1593 m) in Anspruch. Von dort gelangen wir rechts in 30 Minuten auf einem Fahrweg zur Bergstation der Gondelbahn hinauf.

11 Durch die „Hintere Gasse" muss er kommen …

Das Hohtürli ist die höchstgelegene und alpinste Scharte im Verlauf der „Hinteren Gasse" – und der Aufstieg von der Griesalp erfordert durchaus mentale Stärke, da man die ersehnte Blüemlisalphütte dabei stundenlang vor Augen hat. Doch der Panoramablick da oben ist so groß, dass man eine Übernachtung in Betracht ziehen sollte.

Bilder von: **Matthias Effinger**

Griesalp – Hohtürli – Kandersteg

Tourencharakter
Hochalpiner Passübergang, der alpine Erfahrung, Kondition, Trittsicherheit und Schwindelfreiheit erfordert (T3). Bis in den Sommer
hinein Altschneefelder. Übernachtungsmöglichkeiten: Berghaus
Bundalp, Blüemlisalphütte, am Oeschinensee und in Kandersteg.

Start und Ziel
Griesalp, 1408 m; Postauto-Zufahrt von Reichenbach i. K. durch
das Kiental. Rückfahrt von Kandersteg mit der Bahn nach Reichenbach i. K.

Schwierigkeit: **schwer**
Dauer: **8:00 h**
Länge: **18,1 km**
Aufstieg **1450 hm**
Abstieg **1700 hm**

Höhenlinienmodell mit Streckenverlauf

Höhenprofil

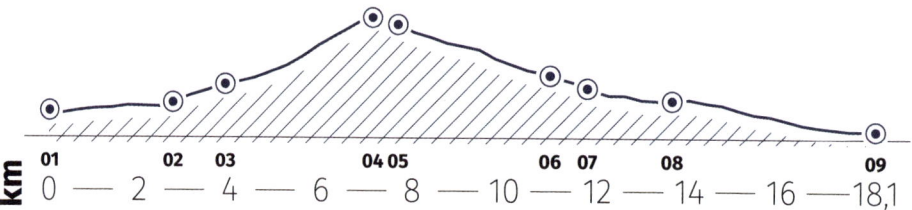

90

In einer einmaligen Gegend und vor einer der schönsten Kulisse der Alpen führt die Weitwanderroute „Hintere Gasse" oder auch „Bärentrek" genannt, von Meiringen über 8 Alpenpässe nach Gsteig.

huettenwandern.ch

▶ Vom Berggasthaus Golderli **01** (1441 m) bzw. vom Naturfreundehaus führt ein kurzer Fahrweg über den Bach zu den Hotels auf der Griesalp (1408 m) hinüber. Dort folgen wir der Beschilderung Richtung „Bundalp, Hohtürli/Blüemlisalphütte, Kandersteg" und wandern zum Berghaus Bundalp **02** (1840 m) hinauf; 1 ½ Stunden. Weiterhin den Schildern „Hohtürli, Blüemlisalphütte, Kandersteg" folgend geht's links über den Bundbach, weiter bergauf und rechts am Bundläger **03** (1919 m) vorbei. Nach einer Abzweigung werden die Weidehänge steiler. Über dunkle Schutthalden gelangen wir auf die felsige Anhöhe „Uf der Wart" (2508 m, Steinschlaggefahr). In der Folge steigen wir am oberen Rand des steilen Kars unter der Wildi Frau an – direkt neben einem langen

Felsabbruch. Zuletzt geht's über Holztreppen (mit Ketten, Seilen und einer vor Steinschlag geschützten Sitzbank) hinauf ins Hohtürli **04** (2778 m).

Diese tatsächlich torähnliche Scharte befindet sich neben einem markanten Felsturm und etwa 60 m unterhalb der Blüemlisalphütte **05** (2840 m), die wir nach knapp 3 Stunden erreichen. Von diesem stattlichen Steinhaus des Schweizer Alpen-Clubs trennen uns nur wenige Minuten vom „ewigen Eis". Von seiner kleinen Terrasse sieht man über das Kiental hinweg bis zum Thunersee und zum Niesen, während sich im Süden die gewaltigen Gletscherströme der Wyssi Frau (3648 m) und des Blüemlisalphorns (3661 m) in Szene setzen. Im Westen öff-

net sich das Tal nach Kandersteg, durch das
wir nun vom Hohtürli absteigen – zunächst
neuerlich durch steile Geröllhalden und
neben Felsabbrüchen (Stahlseile). Auf einer
grasigen Rampe und durch Moränenschutt
über dem milchig-trüben Rossbode See, direkt gegenüber den beiden Eiszungen; 1 ¾
Stunden nach dem Abmarsch von der Hütte
lädt das Beizli der Alp Oberbärgli **06** (1973
m) zur Rast ein. Der Weg zum Oeschinensee zweigt links ab; die Beschilderung zeigt
45 Minuten Gehzeit dorthin an. Er führt
in Kehren durch eine Felsstufe in die Wie-
senmulde von Underbärgli **07** (1843 m)
hinab. Beim weiteren Abstieg werden über
dem Nordufer Karstquellen und Wasserfälle sichtbar; darüber bauen sich die wilden
Felsabbrüche „I de Fründe" und der eisge-
schmückte Riesengipfel des Doldenhorns
(3638 m) auf. 📷

Beim Berghaus und dem Hotel stehen wir
schließlich am Westufer des Oeschinensees
08 (1578 m). Rechts führt ein etwas an-
steigender Weg zur circa 30 Minuten entfernten Bergstation der Gondelbahn, mit
der sich der Abstieg verkürzen lässt; gut 1
Stunde braucht man zu Fuß auf der Alpstraße neben dem rauschenden Öschibach
bis nach Kandersteg **09** (1176 m) hinunter.

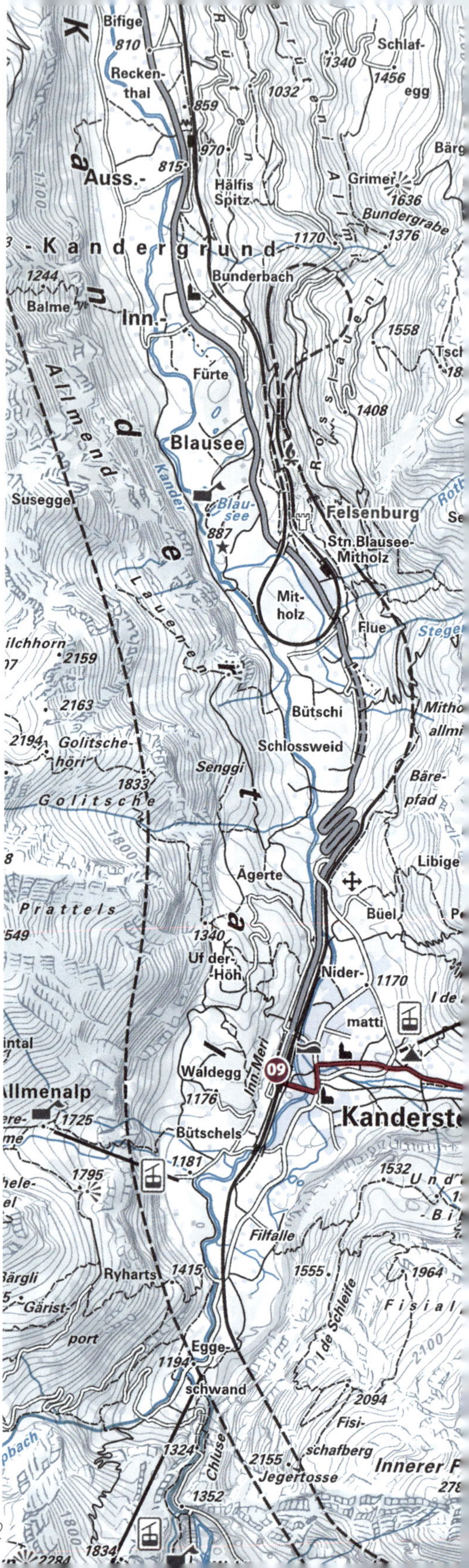

12 Glanz und „Piz Gloria"

Schon einmal auf dem „Piz Gloria" gewesen? Ja?
Dann hast du was mit James Bond gemeinsam, der
dort 1968 im Film „Im Geheimdienst Ihrer Majes-
tät" unterwegs war.

Bilder von: **Matthias Effinger**

Birg – Rotstockhütte – Mürren

Tourencharakter
Alpine und aussichtsreiche Bergab-Wanderung mit Hütten-Abstecher auf stellenweise steilen und felsigen Pfaden, die Trittsicherheit und Schwindelfreiheit erfordern (T3).

Start und Ziel
Stechelberg im Lauterbrunnental, Talstation der Schilthornbahn; Postauto-Zufahrt vom Bahnhof Lauterbrunnen (Linie 141). Mit der Luftseilbahn zur Station Birg, 2684 m. Talfahrt von Mürren mit der Luftseilbahn nach Stechelberg.

Schwierigkeit: **mittel**
Dauer: **3:30 h**
Länge: **11,3 km**
Aufstieg **70 hm**
Abstieg **110 hm**

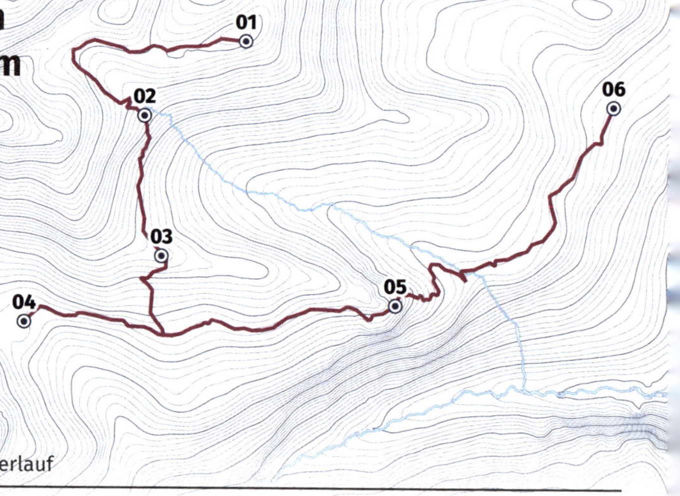

Höhenlinienmodell mit Streckenverlauf

Höhenprofil

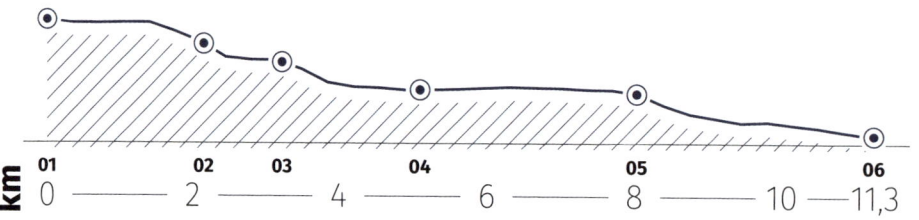

Der Weg ist immer besser als die schönste Herberge.

Miguel de Cervantes (1547–1616)

Mit „bürgerlichem Namen" heißt der 2970 Meter hohe Berg über Mürren „Schilthorn" – und die Zwischenstation Birg der Schilthornbahn bildet den hochgelegenen Ausgangspunkt für einen Besuch der Rotstockhütte.

▶ Von der Seilbahnstation Birg **01** folgen wir dem Wegweiser „Rotstockhütte, Grausewli" nach Osten und wandern über den dunkelfelsigen Kamm zur etwa 700 m entfernten Senke der Sewlifura (2598 m) – auf der breiten Piste oder auf dem Pfad links oberhalb davon. Von dort steigen wir links zum Grausewli **02** (2514 m) ab, das in einer Mulde unter dem Schilthorn (Piz Gloria) liegt. Gemäß der Beschilderung „Rotstockhütte, Gimmelwald" geht's auf einem steilen

Gras- und Felspfad weiter abwärts. Nach einer plattigen und etwas ausgesetzten Passage, die mit einem Drahtseil gesichert ist, bleiben wir bei einer Gabelung geradeaus Richtung „Rotstockhütte". Zwei steinige Gräben müssen noch überquert werden, dann gelangen wir durch Wiesenhänge zur Abzweigung auf dem aussichtsreichen Graskamm der Wasenegg **03** (2288 m).

Jenseits folgt der Abstieg durch die ausgedehnten Hochweiden am Oberläger, bis wir auf 2051 m rechts auf einen quer verlaufenden Wanderweg einschwenken. Der ist ein Abschnitt der Via Alpina (Nr. 1), der flach in die grüne Gebirgsarena der Boganggenalp am Fuß des Schilthorns führt. Dort bildet die gastliche Rotstockhütte **04** 📷

(2039 m) nach 1 ¾ Stunden Rastplatz, Einkehrziel und Umkehrpunkt in einem.

Beim Abstieg gehen wir zunächst auf dem Zugangsweg Richtung „Mürren" zurück, von der Gabelung am Oberläger geradeaus auf der Via Alpina weiter und von der nächsten Abzweigung stets gemäß der Wegweiser „Spielbodenalp, Mürren". Unter dem Bryndli (2132 m) wird der Hang, den wir queren, steiler und steiniger. An einer schütter bewaldeten Geländekante erwartet uns ein überraschender Tiefblick auf die Walsersiedlung Gimmelwald, über dem sich – jenseits des Lauterbrunnentals – die Jungfrau und die Felspfeiler des Schwarzmönchs in voller Pracht erheben. Beim weiteren Abstieg sollte man der Aussicht jedoch keine Beachtung schenken, denn nun schlängelt sich der Pfad

über 200 Höhenmeter durch sehr abschüssiges Gelände und über einige Felsstufen abwärts. Links scheint die Spielbodenalp **05** (1793 m) senkrecht in der Tiefe zu liegen. 1 Stunde nach dem Abmarsch von der Rotstockhütte haben wir die Alphütten im weiten Schilttal erreicht.

Zuletzt geht's weiterhin auf der Via Alpina (und ab nun auch auf dem Northface-Trail) nach Mürren, über den Bach und dann rechts auf einem schmalen Pfad, der über die Gimmelenweid, durch Waldhänge und an einigen Alphütten vorbei zu einer Asphaltstraße führt. Auf dieser gelangen wir rechts hinab zum südlichen Ortsrand von Mürren **06** (1638 m), wo sich rechts die Station der Schilthornbahn befindet; 45 Minuten.

13 Weinselig wandern

Der englische Name dieses prachtvollen Höhenweges ist vielleicht der Tourismuswerbung geschuldet, er verweist aber auch auf die Wintersportgeschichte der Jungfrauregion. Während des Ersten Weltkriegs befanden sich britische Offiziere in Mürren, die ihre nächtlichen Skiausflüge gern mit einem Schluck Vin Mousseux von Mauler gekrönt haben – seither soll der Hubel den Namen des neuenburgischen Weinguts tragen.

Bilder von: **Maxim Moskalenko**

@maximmosk

Der Mountain View Trail

Tourencharakter
Sehr aussichtsreicher, aber auch dementsprechend beliebter Höhenweg durch Wald- und Alpgelände; Abstieg teils auf Schotterstraßen (T2).

Start und Ziel
Lauterbrunnen, 796 m; Talstation der Mürrenbahn; Bahnhof. Mit der Luftseilbahn zur Bergstation Grütschalp, 1486 m. Rückfahrt von Mürren mit der Schmalspurbahn zur Grütschalp und mit der Luftseilbahn hinunter nach Lauterbrunnen.

Schwierigkeit: **leicht**
Dauer: **2:45 h**
Länge: **8,0 km**
Aufstieg **540 hm**
Abstieg **540 hm**

Höhenlinienmodell mit Streckenverlauf

Höhenprofil

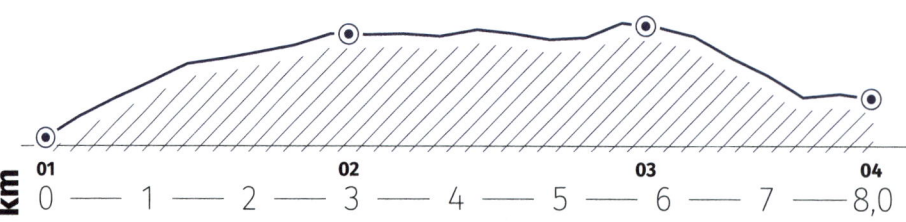

◣ Bei der Seil- und Eisenbahnstation Grüt-schalp **01** überschreiten wir die Schienen, steigen ein paar Schritte zu den ersten Tafeln des Mountain View Trails an und folgen dem Wegweiser „Zum Höhenweg: Bletschenalp, Allmendhubel" nach links, Richtung Mürren. Schon nach 60 m zweigen wir jedoch rechts auf einen Pfad ab und steigen durch steilen Wald an. Durch Wiesenhänge mit großen Bergsturzfelsen gelangen wir nach 50 Minuten ins licht bewaldete Gelände der Bletschenalp ◙ (1767 m), wo eine Route aus dem Soustal einmündet. Auf dieser wandern wir links Richtung „Allmendhubel, Mürren" weiter.

Dieser prachtvolle Höhenweg führt in viel geringerer Steigung und erst ganz zuletzt wieder etwas steiler in den Sattel links neben dem Grasrücken des Dorenhubels **02** (1896 m), der sich kurz „mitnehmen" lässt. Eine kaum sichtbare Spur zieht hinüber zum „Gipfelausblick" auf einer kleinen Felskanzel, die sich hinter einigen Bäumen verbirgt; 35 Minuten. Vom Sattel geht's auf dem Mountain View Trail durch die Weidehänge der Winteregg und der Alp Oberberg am Fuße des Bietenhorns (2755 m) weiter.

In der Folge werden auf den westseitigen Skihängen des Maulerhubels zwei Sesselbahnen unterquert; dazwischen passieren wir einen kleinen, verlandeten See und die Einmündung eines Fahrwegs (Rastbank), bei der wir geradeaus bleiben. Jenseits der Mulde des Allmibodens am Ägertenbach ersteigen wir kurz aber steil den Sattel der Höhlücke (1899 m). Von dort führt der Mountain View Trail links zum nahen Allmendhubel **03** (1932 m), den ein Blumenlehrweg umrundet, bis er beim Restaurant neben der Bergstation der Allmendhubelbahn (1907 m) endet; 45 Minuten.

Zuletzt wandern wir gemäß der Beschilderung „Blumental, Mürren" auf einer Schotterstraße durch den bewaldeten Südhang des Allmendhubels abwärts, bis wir nach etwa 300 m scharf links auf einen Pfad ab-

zweigen. Dieser schlängelt sich über südseitige Wiesenhänge zur Undri Allmi hinab. Auf einer Alpstraße gelangen wir schließlich nach Mürren **04** (1638 m). Die Bahnstation befindet sich am nördlichen Ortsrand; 45 Minuten.

Varianten: Auch der Maulerhubel (1955 m) lässt sich erklimmen. Pfadspuren führen vor der ersten Sesselbahn rechts empor; der höchste Punkt liegt oberhalb der beiden Liftstationen. Gegenüber steigt man durch Alpgelände wieder zum Mountain View Trail ab. Mehraufwand circa 30 Minuten. Und man kann von Mürren zu Fuß zur Grütschalp zurückkehren; der breite und beliebte Höhenweg führt über die Station Winteregg (1582 m) hinüber; 1 ¼ Stunden.

14 Die Supertour zur Sefinenfurgge

Die Sicht zur Eiger-Nordwand und zu den Vier-
tausendern der Berner Alpen, die jenseits der Sefinenfurgge von der Blüemisalp „abgelöst" werden,
machen diese Tour zu einem lohnenswerten Aus-
flug.

Bilder von: **Sebastian Weingart**

@wunderwaldphoto

Lauterbrunnen – Sefinenfurgge – Griesalp

Tourencharakter
Anspruchsvolle Tour auf ausgesetzten und gesicherten Pfaden, die Trittsicherheit und Schwindelfreiheit erfordern (T3). Gefährliche Schneefelder! Übernachtungsmöglichkeiten: in Mürren, in der Rotstockhütte und im Bereich der Griesalp.

Start und Ziel
Lauterbrunnen, 795 m, Bahnhof; Postauto-Haltestelle, Parkhaus. Rückfahrt von der Griesalp mit dem Bus nach Reichenbach i. K., weiter per Bahn über Spiez und Interlaken.

Schwierigkeit: **schwer**
Dauer: **9:15 h**
Länge: **22,9 km**
Aufstieg **1850 hm**
Abstieg **1210 hm**

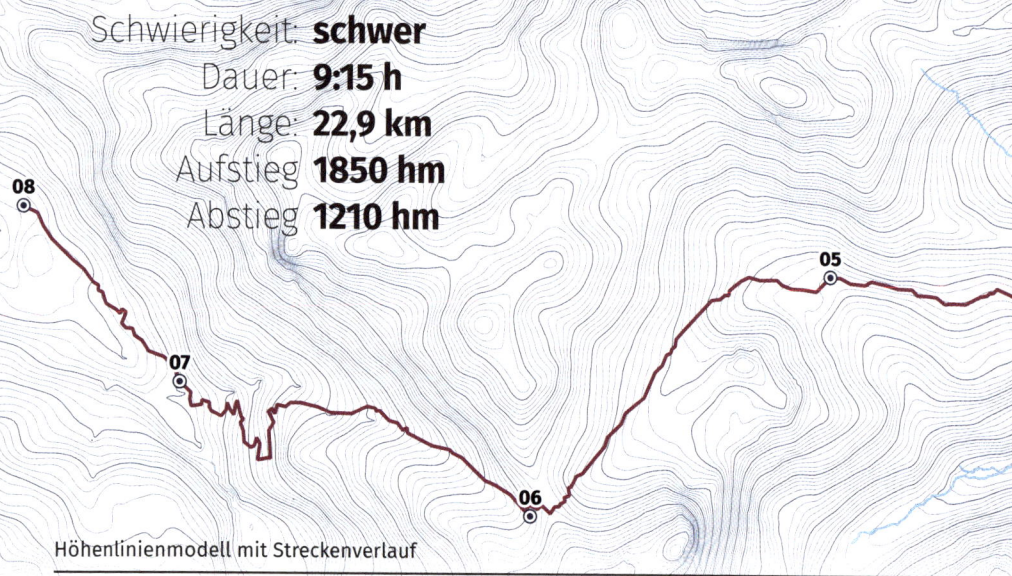

Höhenlinienmodell mit Streckenverlauf

Höhenprofil

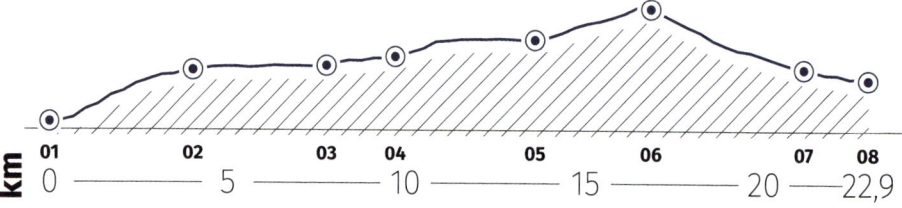

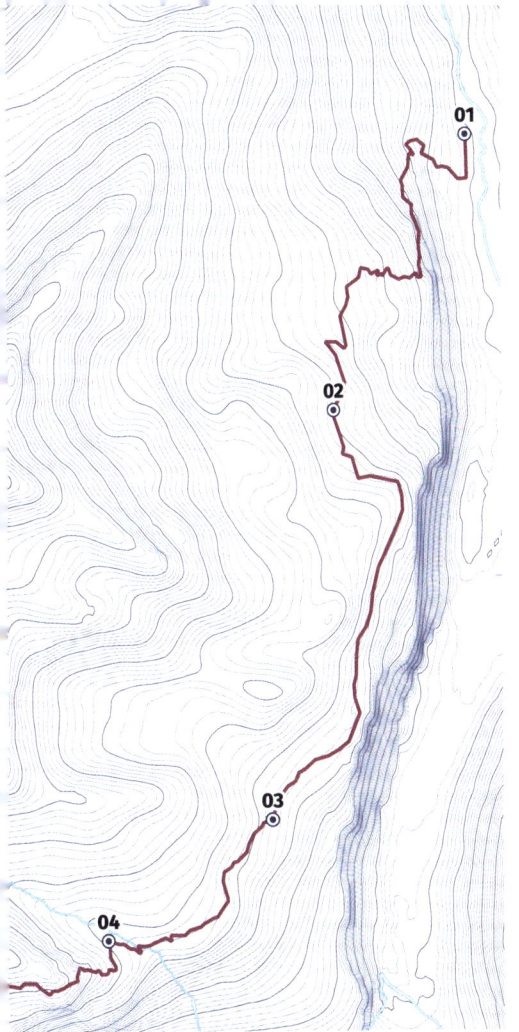

Der Aufstieg in den autofreien Höhenort Mürren führt durch märchenhaft schönen Wald, die weitere Route überrascht mit einem listig angelegten Felspfad.

▶ Vom Bahnhof in Lauterbrunnen **01** gehen wir Richtung „Mürren" links zur Dorfstraße hinauf und an der Tankstelle vorbei. Vor dem Tourismusbüro zweigen wir rechts ab (Beschilderung „Mürren", Via Alpina). Eine kleine Straße führt zum Griefenbach und zu den Häusern unter der Felswand 📷. Der links abzweigende Weg nach Mürren umgeht sie durch steile Waldhänge. Beim Staubbach-Hüttli biegen wir rechts Richtung „Winteregg, Mürren" ab. Nach 2 Stunden Gehzeit erreichen wir beim Bergrestaurant Winteregg **02** (1582 m) die Bahnlinie von der Grütschalp nach Mürren (Haltestelle). Von dort wandern wir auf dem flachen Weg neben den Schienen noch 45 Minuten bis nach Mürren **03** (1638 m). Im südlichen Ortsbereich – nahe der Schilthornbahn – folgen wir dem Wegweiser „Rotstockhütte, Sefinenfurgge, Griesalp" unter der Seilbahn durch. Die ansteigende Asphaltstraße führt über Grimmelen zur Spilbodenalp **04**

(1793 m). Hinter den Hütten steigt der Pfad zur Rotstockhütte steiler an und schlängelt sich über eine felsige Steilstufe empor. Bei der Abzweigung zum Bryndli wandern wir geradeaus weiter und durchqueren die steilen Hänge hoch über dem Sefinental. Die folgenden Abzweigungen bleiben unbeachtet. 2 ½ Stunden nach dem Start in Mürren erreichen wir die Rotstockhütte **05** (2039 m).

Sie steht im weiten Kessel der Alp Boganggen (Poganggen), durch den wir nun zum Hundshubel ansteigen. Dahinter lädt ein Wiesenboden zum Verschnaufen ein, bevor es immer steiler durch das Kar zwischen der Hundsflüe (2860 m) und dem Grat der Bütlasse (3193 m) hinaufgeht. Durch Schieferschutt steigen wir zum Einschnitt der Sefinenfurgge **06** (2612 m) an; 1 ½ Stunden.

Nach links zweigt der Zugang zur Gspaltenhornhütte ab – wir folgen jedoch der Via Alpina mit der Beschilderung „Dürrenberg, Bundsteg, Griesalp" in die Tiefe – und zwar auf Holzstufen (Halteseil). Bald wandert man durch weniger exponiertes Gelände zum Oberen Dürreberg (1996 m) hinab. Am Uf de Hüble quert man nochmals Geröll, bevor sich der Pfad zur Alp Bürgli **07** (1617 m) hinabschlängelt. Von dort wandern wir auf der Alpstraße durch das hintere Kiental – vorbei an der Alp Steinenberg – zum Berggasthaus Golderli **08** (1441 m) bzw. zum Naturfreundehaus. Wer lieber in den Hotels der gegenüber gelegenen Griesalp (1408 m) übernachtet, zweigt schon vorher bei einem großen Stein links ab. Jeweils 2 ½ Stunden.

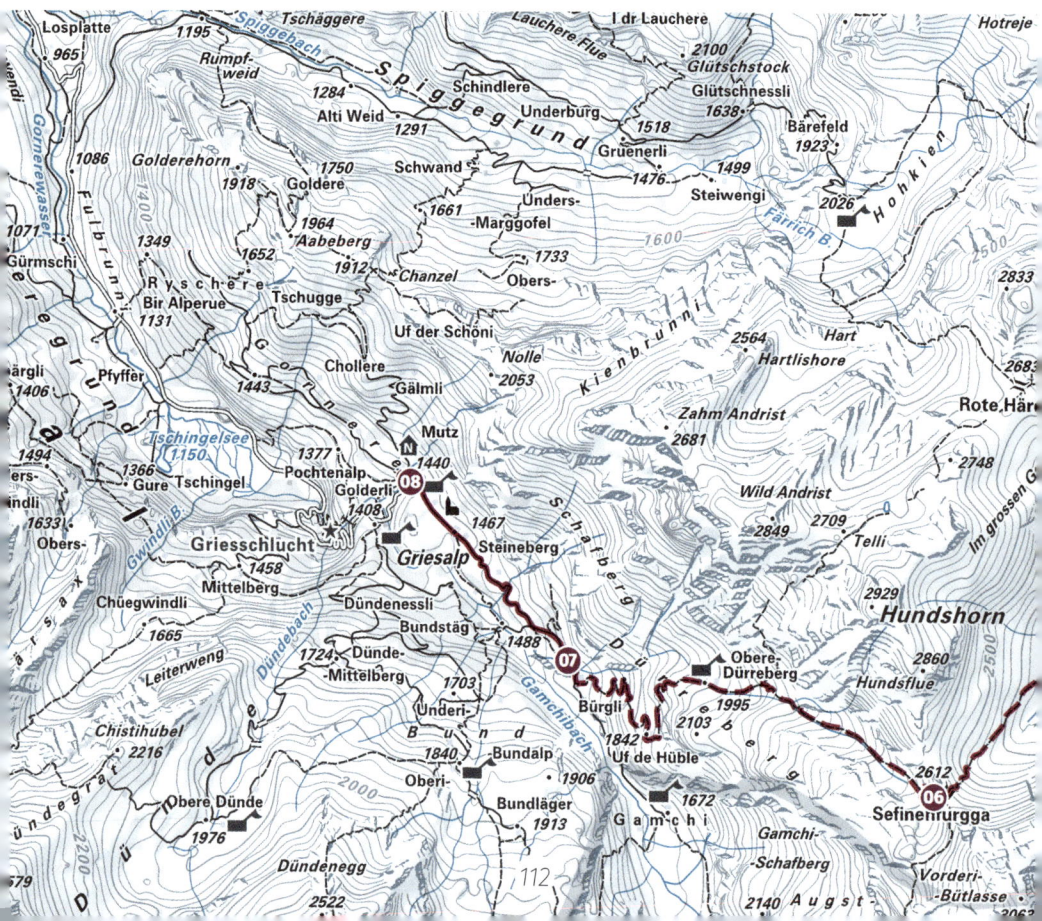

1 : 50 000

15 Im Banne der Eiger-Nordwand

Auf der Kleinen Scheidegg wird man sich kaum einsam fühlen, denn die Sicht zu den Eisriesen der Berner Alpen lockt unzählige Ausflugsgäste an. Stiller ist es auf jenen Wegen, die ins Tal hinabziehen.

Bilder von: **Matthias Burkhard**

@matthias.burkhard.7

Männlichen – Kleine Scheidegg – Brandegg

Tourencharakter
Flache und bergabführende Wanderung auf Alpstraßen und Wegen (T1). Einkehren kann man unterwegs auf der Kleinen Scheidegg.

Start und Ziel
Grindelwald, Ortsteil Grund, 943 m, Gondelbahn Grindelwald – Männlichen; Bahnstation. Auffahrt zur Bergstation Männlichen, 2224 m (www.maennlichen.ch). Rückfahrt von Brandegg nach Grindelwald-Grund mit der Wengernalpbahn (www.jungfrau.ch).

Schwierigkeit: **leicht**
Dauer: **3:00 h**
Länge: **13,8 km**
Aufstieg **200 hm**
Abstieg **1060 hm**

Höhenlinienmodell mit Streckenverlauf

Höhenprofil

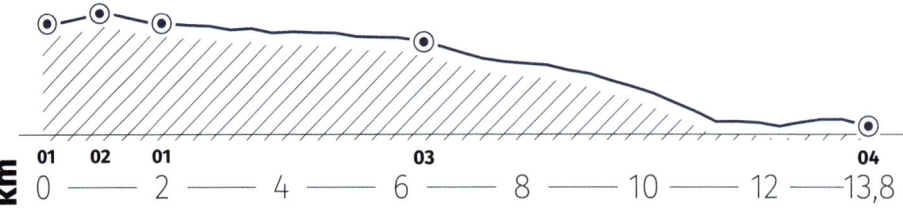

Die Eiger-Nordwand ist eine der drei großen Nordwände der Alpen und vielleicht sogar überhaupt die berühmteste Nordwand der Welt.

bergsteigen.com

Auf dieser Tour folgen wir alten Routen, auf denen die Menschen schon vor Jahrtausenden übers Gebirge zogen.

▶ Von der Bergstation Männlichen **01** stattet man zunächst dem Männlichen-Gipfel **02** (2342 m) einen Besuch ab – der „Royal Walk" führt in 20 Minuten zur Aussichtsplattform neben dem Sender hinauf und in 15 Minuten wieder hinunter. Dann geht's von der Bergstation Männlichen **01** auf dem breiten Panoramaweg mit der Beschilderung „Kleine Scheidegg" in einen nahen Wiesensattel hinab, unter einer Bergbahn hindurch und geradeaus an einer Abzweigung vorbei. Nun wandern wir quer durch die Nordostflanke des Tupphorns, oberhalb von zwei kleinen, verlandenden Seen und Alpmatten; dahinter erblicken wir das Wetter- und das Schreckhorn. Unter dem 2520 m hohen Tschuggen geht's durch steile Flanken (Geländer) zur Liftstation am Honegg und im Bogen durch die Inberg-Mulde (2121 m) am Fuße des Lauberhorns.

Inzwischen haben sich neben dem Eiger auch Mönch und Jungfrau ins Panorama gereiht. Vorbei an den Restaurants Grindelwaldblick und Eiger-Nordwand gelangen wir nach 1 ½ Stunden zum Bahnhof auf der Kleinen Scheidegg **03** 📷 (2061 m). Direkt vor dem Bahnsteig zweigt links die Route Richtung „Holenstein" ab. Auf der Schotterstraße gehen wir durch einen Torbogen mit der Aufschrift „Brandegg, Grindelwald" und biegen danach links ab. Nach der Unterquerung einer Sesselbahn gelangen wir zwischen vereinzelten Arven ins Wärgistal hinab – dies ist auch

der Name der großen Alp, die sich am Fuße der Eiger-Nordwand bis nach Brandegg ausdehnt. Die Hütten von Bustiglen (1878 m), bei denen wir links Richtung „Holenstein" abzweigen, gehören ebenfalls dazu. Hier bestand eine uralte Siedlung, durch die vermutlich auch der alte Passweg durch die „Hintere Gasse" führte. Nun wandern wir – bei der folgenden Gabelung rechts bleibend – durch die wunderschönen Arven- und Fichtenbestände des Itramenwalds bergab. Auf der Lichtung am Obren Brand biegen wir rechts ab. Die Wiesen von Tschuggen (1702 m) bilden einen schönen Vordergrund zum mächtig aufragenden Eiger; im Südwesten wird der Horizont vom Tschuggen-Gipfel begrenzt und im Nordosten vom Wetterhorn. In diese Richtung führt der Pfad weiter bergab nach Unterbrand und dann über einen kleinen Waldrücken zum „Öpfelchüechliweg". Auf diesem Lehrpfad zum Thema „Äpfel" gelangen wir rechts im Auf und Ab wieder ins Wärgistal und kurz weiter zu den Wiesen der Brandegg **04** (1332 m), wo wir unter der Eiger-Express-Seilbahn durchgehen.

Auf den weiten, mit einzelnen Ahornbäumen bewachsenen Wiesen am Fuße der Mittellegi befindet sich nicht nur eine Station der Wengernalpbahn, mit der wir nach Grindelwald-Grund hinunterfahren, sondern auch ein Restaurant. Dort sollten wir unbedingt die Namensgeber des „Öpfelchüechliwegs" kosten: Die weitum berühmten und täglich frisch gebackenen Apfelküchlein mit Vanillesauce!

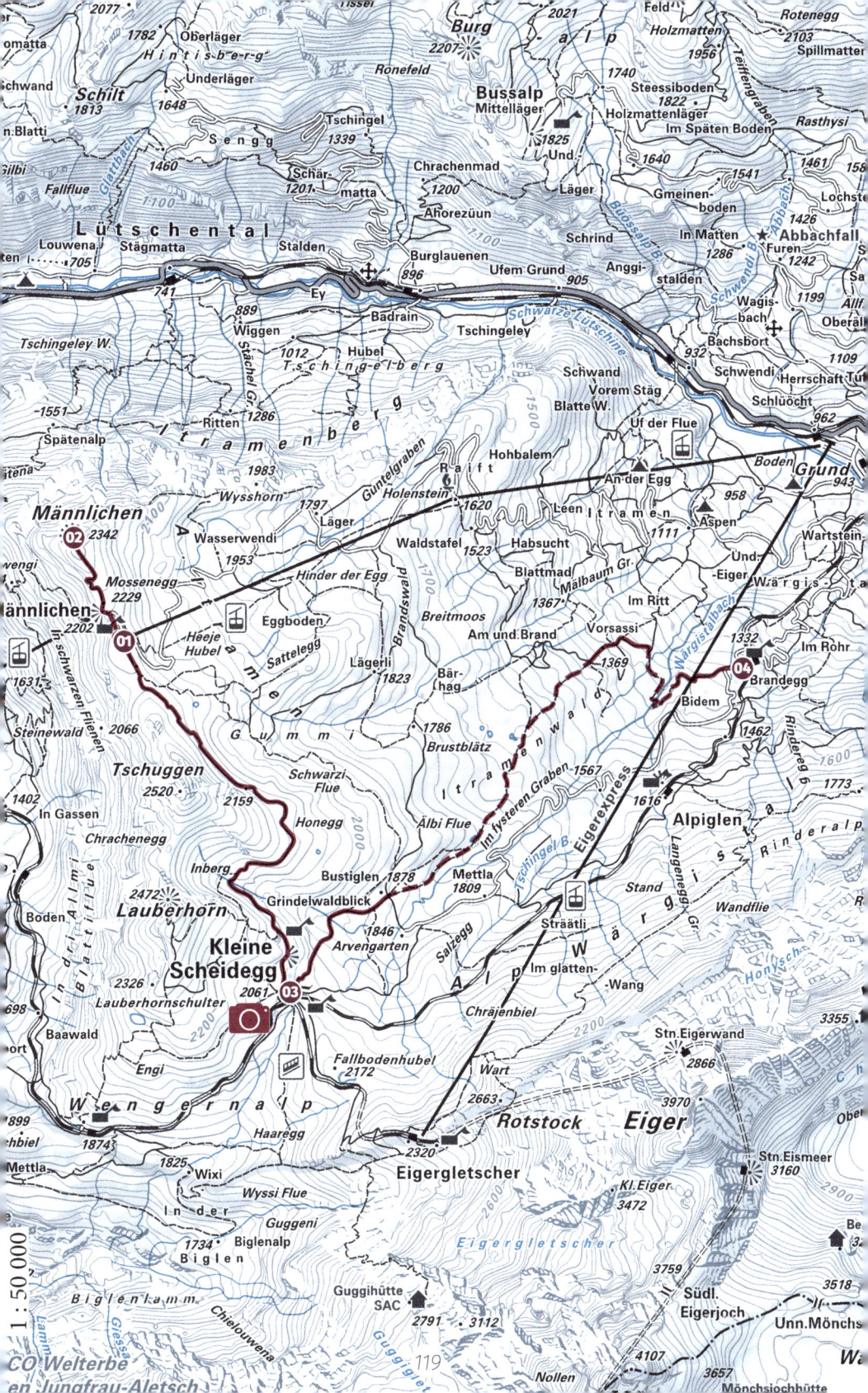

16 Per pedes durchs Bahnland

Pro Jahr transportiert die Wengernalpbahn, die längste durchgehende Zahnradbahn der Welt, über 1,8 Millionen Fahrgäste zur Kleinen Scheidegg. Die Zahl der Menschen, die den Pass zu Fuß überqueren, ist deutlich geringer – doch die erleben die Landschaft auch viel intensiver.

Bilder von: **Makeila Rose Lundy @makeilarose**

Grindelwald – Kleine Scheidegg – Lauterbrunnen

Tourencharakter
Einfache Wanderung auf Alpstraßen und Wegen (T1). Übernachtungsmöglichkeiten: Berghaus Alpiglen, Hotels auf der Kleinen Scheidegg, Hotel Jungfrau Wengernalp, Hotels in Wengen und Lauterbrunnen; einkehren kann man zudem im Bergrestaurant Brandegg und im Bergrestaurant Allmend.

Start und Ziel
Grindelwald, 1034 m, Bahnhof; Parkhäuser. Rückfahrt von Lauterbrunnen per Bahn über Zweilütschinen.

Schwierigkeit: **schwer**
Dauer: **7:15 h**
Länge: **19,1 km**
Aufstieg **1150 hm**
Abstieg **1380 hm**

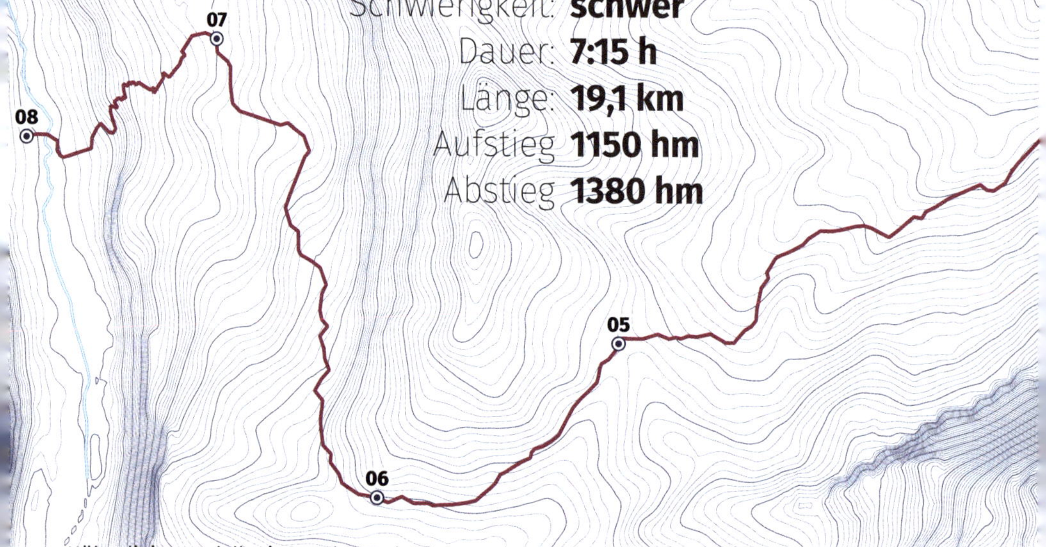

Höhenlinienmodell mit Streckenverlauf

Höhenprofil

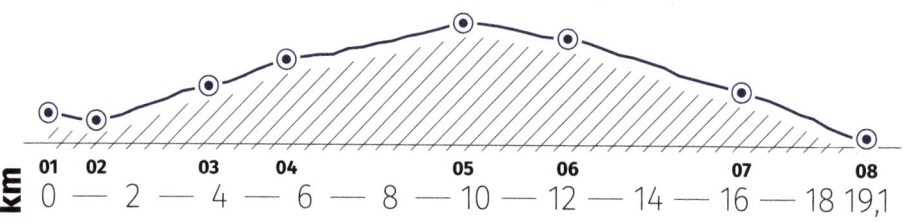

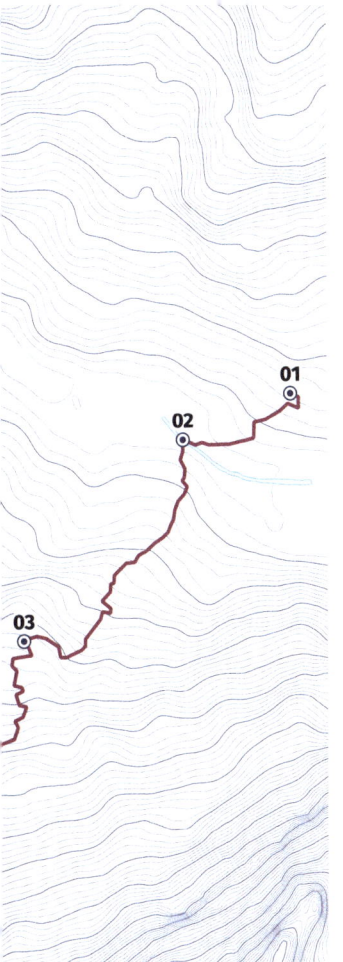

Der Zug der Zeit ist ein Zug, der seine Schienen vor sich her rollt. Robert Musil (1880–1942)

▶ Vor dem Bahnhof in Grindelwald **01** überqueren wir, dem Wegweiser „Grindelwald-Grund" und der Beschilderung der Via Alpina (Nr. 1) folgend, die Dorfstraße. Neben dem Hotel Regina vorbei spazieren wir in 15 Minuten zum Bahnhof im Ortsteil Grund **02** (943 m) hinunter.

Davor gehen wir links auf der Brücke über die Schwarze Lütschine und biegen danach links in Richtung „Wärgistal, Alpiglen, Kleine Scheidegg" auf den Engelshausweg ab. Der folgende Anstieg verläuft auf Nebenstraßen und Wanderwegen über Wiesenhänge zum Sandbach und durch Wald zur Brücke der Wengernalpbahn. Gleich dahinter kommen wir am Bergrestaurant

Brandegg **03** (1290 m) und seiner Bahnstation vorbei; 1 ¼ Stunden von Grund.

Von dort wandern wir auf beschilderten Alpstraßen nahe der Bahnlinie in 1 Stunde zum Berghaus Alpiglen **04** (1616 m) hinauf. Nun folgt eine besonders schöne Wegstrecke, die durch Hochweiden und mit Arven bewachsene Hänge am Fuße der Eiger-Nordwand ansteigt. Nach dem Bahnübergang unterqueren wir den „Eiger-Express". Beim Blick zurück dominiert das Wetterhorn, während rechts neben dem Eiger bald die 4158 m hohe Jungfrau mit dem vorgelagerten Silberhorn (3695 m) sichtbar wird. Vorbei an der Alp Mettla (1808 m) und den Liftstationen im sogenannten Arvengarten wandern wir durch kuppiges Gelände auf das Lauberhorn (2472 m) zu. An seinem Fuß erreichen wir nach etwa 1 ½ Stunden den meist recht trubeligen Bahnknotenpunkt auf der Passhöhe der Kleinen Scheidegg **05** (2061 m) ⭕.

Beim Bahnübergang vor dem Hotel Bellevue des Alpes geben die Wegweiser „Wengernalp, Wengen, Lauterbrunnen" die Abstiegsrichtung vor. Auf der Schootterstraße wandern wir neben den Schienen in knapp 1 Stunde zur Wengernalp **06** (1874 m) hinab – stets im Angesicht des wild zerrissenen Eiergletschers und der Jungfrau.

Auf der anderen Seite der Bahnlinie geht's dann weiter abwärts – unterhalb des Lauberhorns und ein kurzes Stück auf seiner berühmten Skiabfahrtsstrecke, durch die Hänge des Baawalds und nach einer weiteren Bahnbrücke vorbei an der Station Allmend. Durch den kleinen Weiler In Gassen (1400 m) gelangen wir nach 1 ¼ Stunden in den herrlich gelegenen und autofreien Höhenort Wengen **07** (1276 m). Bei einem weißen Haus noch vor dem Bahnhof und dem Ortszentrum biegt die Via Alpina links Richtung „Lauterbrunnen" ab. Von den untersten Gebäuden steigen wir auf einem alten, geschotterten Fahrweg durch einen Waldhang ab, zweigen beim Haus Im Zwirgi links ab und wandern in vielen Serpentinen zu einer Brücke über die Bahn hinunter (Blick zum Staubfall).

Zuletzt gelangen wir durch schöne Wiesen zum Talboden hinunter und links zur Brücke über die Weisse Lütschine im Zentrum von Lauterbrunnen **08** (795 m); rechts geht's dagegen zum Bahnhof des Ortes. 1 Stunde.

125

17 Gletscherwelt live!

„Glattes Eis
Ein Paradies
Für den, der gut zu tanzen weiß."

Friedrich Nietzsche war wohl auch ein Fan
atemberaubender Eislandschaften.

Bilder von: **Matthias Burkhard**

@matthias.burkhard.7

Vom Jungfraujoch zur Mönchsjochhütte 3657 m

Tourencharakter
Bei guten Wetterverhältnissen unschwierige Gletscherwanderung auf einem Weg, der keinesfalls verlassen werden darf (Spalten!). Auf 3500 m Seehöhe ist die Luft dünn, es kann rasch kalt und stürmisch werden; bei Nebel oder Schneetreiben äußerst gefährlich!

Start und Ziel
Grindelwald, 1034 m, Bahnhof. Mit der Wengernalpbahn zur Kleinen Scheidegg, 2061 m; weiter mit der Jungfraubahn zur Bergstation Jungfraujoch, 3454 m. Talfahrt auf derselben Strecke (www.jungfrau.ch/de-ch/jungfraujoch-top-of-europe).

Schwierigkeit: **mittel**
Dauer: **2:00 h**
Länge: **4,1 km**
Aufstieg **250 hm**
Abstieg **250 hm**

02

01

Höhenlinienmodell mit Streckenverlauf

Höhenprofil

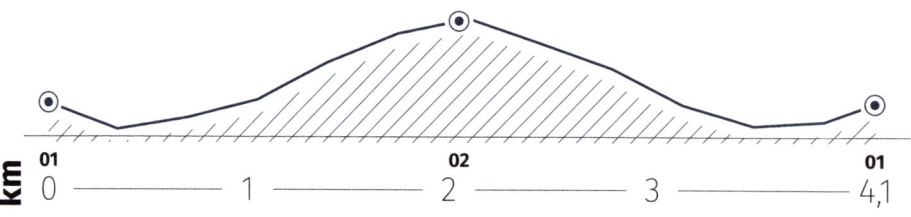

So eindrucksvoll wie mit der 1912 eröffneten Jungfraubahn gelangt man nirgends ins vergletscherte Hochgebirge. Sie führt durch einen mehr als 7 km langen Tunnel aufs 3454 Meter hoch gelegene Jungfraujoch und ermöglicht damit auch eine Gletscherwanderung der Superlative. Am besten startet man die Tour zur Mönchsjochhütte im Winter.

▶ Von der unterirdischen Bahnstation am Jungfraujoch **01** fahren wir am besten zunächst mit dem Lift zum Observatorium, das seit 1936 auf dem Felsturm der „Sphinx" steht. Von seiner Aussichtsplattform fällt der Blick nach Nordwesten über den Guggigletscher zur Kleinen Scheidegg und zum tief eingeschnittenen Tal von Lauterbrunnen, über dem die Berner Voralpen mit dem Niesen, dem Niederhorn und der Schrattenflue aufragen. Bei ganz klarer Luft zeigt sich hinter dem Mittelland um Bern der Jura. Im Südosten breitet sich der Jungfraufirn aus. Das ist einer der drei großen Eisströme, die den

Aletschgletscher bilden. Seine 22 km lange Zunge biegt unter dem Eggishorn (2926 m) nach Westen ab – dahinter, schon jenseits des Rhonetals im Wallis, zeigen sich die Berge zwischen dem Simplonpass und dem Binntal.

Rechts davon ist das Aletschhorn (4193 m) zu sehen; daneben lugt mit dem 4545 m hohen Dom sogar einer der Walliser Eisriesen herüber. Direkt über dem Jungfraujoch erhebt sich die Jungfrau (4158 m). Mit einem Fernglas kann man auf dem vergletscherten Rottalsattel links der felsigen Spitze oft Seilschaften beobachten. Noch näher bauen sich der Mönch und die südlich anschließende Felsschneide des Trugbergs (3933 m) auf. Dazwischen liegt das Obere Mönchsjoch, dem wir nun entgegenwandern. Der Sphinxstollen entlässt uns in die Gletschermulde des Jungfraufirns, wo wir der breiten, sanft ansteigenden Wanderspur folgen. Sie ist in unregelmäßigen Abständen mit Stangen gekennzeichnet, denn da und dort klaffen

große Spalten im Eis. Unter dem Mönch fasziniert ein Gletscherbruch; deutlich erkennt man die „Jahresschichten" der Eiswände, von denen immer wieder Blöcke abbrechen. Auf der Firnschneide des Gipfels sind ebenfalls manchmal Bergsteiger zu sehen. Zuletzt wandern wir etwas steiler ins Untere Mönchsjoch (3627 m) unter dem Südsporn des Mönchs ▣.

Nach knapp 1 Stunde Gehzeit erreichen wir dort die Möchsjochhütte ▣ (3657 m)

und blicken über das Ewigschneefeld zum Großen Fiescherhorn (4049 m). Über der breiten Senke des Unteren Mönchsjochs (3529 m) erscheint das Wetterhorn (3692 m) und einige Voralpengipfel bis hinaus zur Rigi. Rechts daneben zeigen sich die Felsabstürze des Schreckhorns (4078 m) und des Lauter-aarhorns (4042 m).

Der Rückweg erfolgt auf derselben Route – nun marschieren wir etwa 50 Minuten lang auf die Jungfrau und die Sphinx zu.

18 Erlebnis Eiger Trail

Dem Eiger fehlen genau 30 Meter zur „Viertausenderwürde" – war seit den 1930er Jahren Schauplatz
unzähliger Ersteigungsversuche, von denen nicht
wenige tödlich endeten, aber auch von spektakulären „alpinen Heldentaten". Auf dem Eiger Trail
kommt man der „Mordwand" ganz nahe.

Bilder von: **Matthias Burkhard**

@matthias.burkhard.7

Der Eiger Trail

Tourencharakter
Spannende Bergwanderung auf Wegen und Pfaden, eine kurze felsige Stelle erfordert Trittsicherheit (T2). Der Eiger Trail kann kurzfristig wegen Steinschlag- und Lawinengefahr gesperrt.

Start und Ziel
Grindelwald, 1034, Bahnhof. Mit der Wengernalpbahn nach Grund und Auffahrt zur Kleinen Scheidegg, 2061 m. Talfahrt von Alpiglen nach Grindelwald ebenfalls mit der Wengernalpbahn (www.jungfrau.ch).

Schwierigkeit: **mittel**
Dauer: **3:00 h**
Länge: **8 km**
Aufstieg **320 hm**
Abstieg **770 hm**

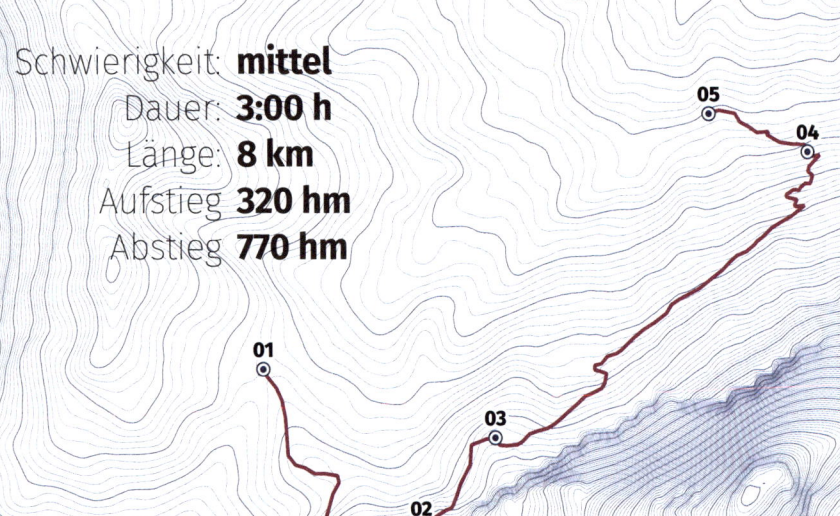

Höhenlinienmodell mit Streckenverlauf

Höhenprofil

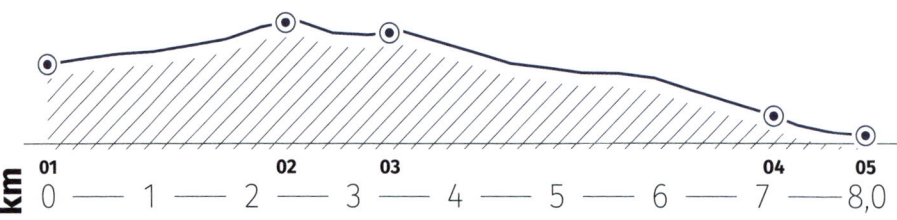

▶ Am Bahnhof auf der Kleinen Scheidegg **01** zeigen die Wegweiser „Fallboden, Eigergletscher" die Richtung an. Ein breiter Kiesweg (Jungfrau Eiger Walk) führt am Hotel Bellevue des Alpes vorbei und hinauf zum Rastplatz beim künstlich angelegten Fallbodensee. Das unter Denkmalschutz stehende „Chilchli" daneben war eine Trafostation der Jungfraubahn; heute birgt es eine Ausstellung über die Eiger-Nordwand. Nach der Unterquerung der Bahnlinie geht's zu einem kleinen Häuschen hinauf. Dabei handelt es sich um die alte Mittellegi-Hütte, die 1924 auf dem Nordostgrat des Eigers errichtet wurde – als 2001 ein Neubau notwendig wurde, hat man sie per Hubschrauber hierher versetzt. Links über den Kamm der Loucherflue ansteigend (Blick zum Ei-

gergletscher und zur Jungfrau) gelangen wir nach 50 Minuten zur Bahnstation Eigergletscher **02** (2320 m, Restaurant).

Jenseits der Gleise gehen wir rechts zu den Bergstationen des Eiger-Nordwand-Lifts und des neuen Eiger-Express hinauf. Von dort führt der Eiger Trail unter Felsabbrüchen vorbei und neben der neuen Seilbahn durch die Schutthalden unterhalb des Rotstocks (2663 m) abwärts und kurz zur Anhöhe des Wart **03** (2285 m) hinauf. Dort wird die Eiger-Nordwand in ihrer vollen Größe sichtbar (Infotafel über die Nordwandrouten, Abzweigung zum Rotstock-Klettersteig). Der Pfad schlängelt sich im Respektabstand zu den Felsabstürzen durch eine Mulde und über Schutthänge zu den

blumenreichen Alpmatten „Im Glatten Wang" hinab. Am Fuß der Wand – direkt unter dem Eigergipfel – liegen bis weit in den Sommer hinein Schneefelder, außerdem müssen einige Rinnen überquert werden. Nach einer etwas felsigen Passage erreichen wir den eindrucksvollen Wasserfall des Sandbachs , der weiter unten durch eine kleine Felsschlucht tost. Dort

geht's nun steiler im Zickzack hinunter. Auf 1725 m treffen wir auf eine Gabelung **04**, von der wir links absteigen.

Nach einer kurzen, harmlosen Passage, die mit einem Stahlseil gesichert ist, gelangen wir über schöne Alpwiesen zum Berghaus Alpiglen **05** (1616 m) und kurz weiter zur Bahnstation; 2 ¼ Stunden.

19 Auf den Spuren des „ewigen" Eises

Bilder aus dem 18. oder 19. Jahrhundert zeigen, dass die Zunge des Unteren Grindelwaldgletschers damals bis auf den Talboden von Grindelwald quoll. Heute muss man schon ganz schön weit und hoch hinaufwandern, um dem „ewigen Eis" nahezukommen. Dabei erlebt man die Auswirkungen der Gletscherschmelze ganz hautnah.

Bilder von: **Matthias Effinger**

Zum Berghaus Bäregg 1772 m

Tourencharakter
Bergwanderung auf Pfaden, die stellenweise Schwindelfreiheit erfordern (T3). Durch die Nutzung der Seilbahn auf die Pfingstegg (1392 m) lässt sich die Aufstiegszeit auf 1 ½ Stunden und der Abstieg auf 1 Stunde verkürzen (www. pfingstegg.ch).

Start und Ziel
Hotel Gletscherschlucht, 1014 m, im Tal der Schwarzen Lütschine unterhalb von Grindelwald; Haltestelle des Grindelwald-Bus (Linie 122 vom Bahnhof), gebührenpflichtiger Parkplatz.

Schwierigkeit: **mittel**
Dauer: **4:40 h**
Länge: **7,9 km**
Aufstieg **900 hm**
Abstieg **900 hm**

Höhenlinienmodell mit Streckenverlauf

Höhenprofil

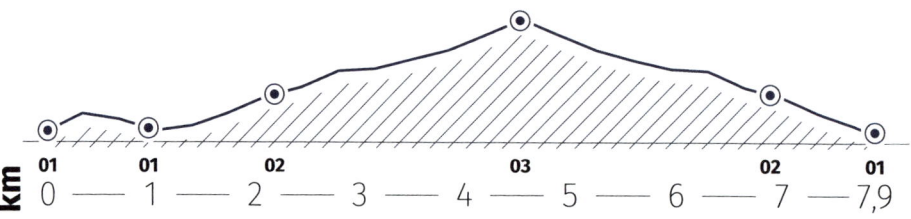

Die Berge ermöglichen mir, mich zu entfalten. Sie erfüllen mein Leben, ohne zur Obsession zu werden.

Catherine Destivelle

▶ Neben dem Hotel Gletscherschlucht **01** folgen wir den Wegweisern „Pfingstegg, Marmorbuch" in die felsigen Waldhänge oberhalb der Gletscherschlucht hinauf. Der breite, mit Stufen versehene Weg 📷 schlängelt sich zu einer Gabelung empor, von der wir links Richtung „Marmorbruch, Pfingstegg, Bäregg" weitergehen. Nach einem kurzen Anstieg queren wir den Steindamm einer „Drahtseilriese", mit der am Ende des 19. Jahrhunderts Eisbrocken von der damals noch viel längeren Zunge des Unteren Grindelwaldgletschers ins Tal transportiert wurden (man lieferte

das begehrte Kühlgut mit der Bahn bis nach Paris).

Dann geht's ein paar Meter bergab, auf einem schmalen Steg über die Gletscherschlucht (faszinierender Tiefblick) und zum Restaurant beim alten Marmorbruch **02** (1120 m). Dort ist noch zu sehen, wie die Steinblöcke abgebaut wurden (kurzer Stichweg zu einem Stollen); 40 Minuten. Nun steigen wir gemäß dem Wegweiser „Pfingstegg, Bäregg" durch die steilen, felsdurchsetzten Hänge über der Schlucht an. Über den Raiftboden und vorbei an einer Abzweigung erreichen wir unter der Wysseflue (1386 m) jenen Weg, der die Pfingstegg mit der Bärnegg verbindet. Auf diesem wandern wir rechts bergauf. Bald lichtet sich der Wald und der Untere Grindelwaldgletscher zeigt sich am Fuße des Großen Fiescherhorns (4049 m). Der mit Geländern und Stufen versehene Pfad steigt durch sehr steile Gras- und Felshänge an (Wasserfall). Etwa 2 Stunden nach dem Abmarsch vom Marmorbruch stehen wir vor dem Berghaus Bäregg **03** (1772 m).

Der Rückweg erfolgt auf derselben Route in ungefähr 2 Stunden.

20 Hüttenwandern einmal ganz anders!

Es ist zwar „nur" ein Hüttenzustieg, aber einer, der nur völlig schwindelfreien Menschen gefallen wird – Menschen, die luftige Tiefblicke lieben und die auch auf schmalen Felsabsätzen direkt über dem Abgrund cool bleiben.

Bilder von: **Wolfgang Heitzmann & Renate Gabriel**

Zur Glecksteinhütte

Tourencharakter
Sehr anspruchsvoller Hüttenzustieg auf einem sehr exponierten, stellenweise mit Stahlseilen gesicherten Pfad (T3). Absolute Trittsicherheit und Schwindelfreiheit sind unabdingbare Voraussetzungen. Keinesfalls bei Regen, Gewitter(warnung) und Vereisung gehen!

Start und Ziel
Hotel Wetterhorn, 1228 m, nordöstlich oberhalb von Grindelwald; gebührenpflichtiger Parkplatz: Zufahrt mit dem Grindelwald-Bus vom Bahnhof Richtung Große Scheidegg (Linien 121 und 128, Haltestelle „Oberer Gletscher").

Schwierigkeit: **schwer**
Dauer: **6:30 h**
Länge: **10,7 km**
Aufstieg **1380 hm**
Abstieg **1380 hm**

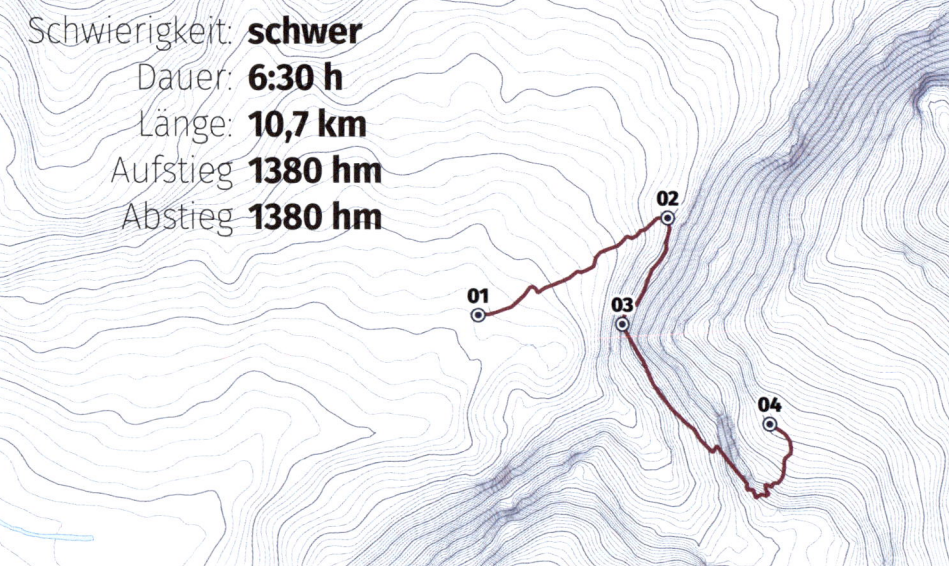

Höhenlinienmodell mit Streckenverlauf

Höhenprofil

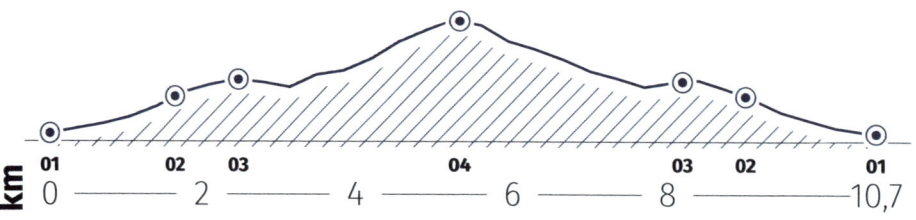

Am Ziele deiner Wünsche wirst du jedenfalls eines vermissen: dein Wandern zum Ziel.

Marie Ebner von Eschenbach (1830–1916)

▶ Vom Parkplatz beim Hotel Wetterhorn 🔲 („Beim Obern Gletscher") gehen wir einige Schritte auf der Asphaltstraße Richtung Große Scheidegg aufwärts. Neben der Gondel-Nachbildung des Wetterhorn-Aufzugs geht's links auf einem Wanderweg zu einem Weiher und zur Straßenkehre.

Hier führt der beschilderte Pfad zur Glecksteinhütte in den Wald hinauf und über zwei Gräben ins Alpgebiet Undrem Berg. Neben einem Bachlauf, über die Wiesen am Ischboden und auf einem teils bewaldeten Rücken erreichen wir nach 1 Stunde eine Weggabelung (1590 m) direkt unter dem jäh aufragenden Wetterhorn.

Dort führt der Ischpfad 🔲 nach rechts Richtung „Glecksteinhütte". Über Schutt und ein bis weit in den Sommer hinein bestehendes Schneefeld gelangen wir zu Felsen, die von Lawinen und Steinschlag glattgeschliffen wurden. Danach steigen wir auf schmalen Felsbändern und in gut gestuftem Gestein quer durch die Nordwestflanke des Chrinnenhorns an. Das steile Gelände ist zwar mit Legföhren bewachsen, kurze ungesicherte Passagen über dem Abgrund erfordern aber absolute Schwindelfreiheit. Der Blick in den Talkessel von Grindelwald, zu Eiger und Mönch wird wohl unvergesslich bleiben! Nach etwa 700 m erreichen wir ein kleines Tor unter der Felskante an der

Engi **03** (1670 m), hinter der sich der wilde Talkessel um den Oberen Grindelwaldgletscher öffnet. Durch die steilen, grasigen Südwesthänge oberhalb der alten Station des Wetterhorn-Aufzugs führt der Pfad etwas abwärts und dann hoch über der Gletscherschlucht (die einst vom Eis bedeckt war) wieder in felsiges Gelände.

Der kleine Wasserfall des Wyssbachs verhilft manchmal zu einer Dusche, doch ein paar rutschfeste Bodenmatten und ein durchgehendes Halteseil entschärfen die Stelle. Nach weiteren Grashängen erfordern dann die sehr schmalen Felsbänder durch „Zybachs Platten" noch einmal besondere Vorsicht. Dann wird der Weg etwas breiter

und man kann auf einem aussichtsreichen Grashügel verschnaufen. Über eine letzte, gut mit Stahlseilen gesicherte Passage gelangt man auf den Rücken des Schneebiel, von dem man endgültig den weit zurückgeschmolzenen Oberen Grindelwaldgletscher unter dem Schreckhorn (4078 m) überblickt. 100 m weiter oben steht die Glecksteinhütte **04** 📷 (2317 m). Der Abstieg erfolgt auf der gleichen Route in 2 ¾ Stunden.

Variante: Die Tour lässt sich um 1 ½ Stunden verkürzen, indem man vom Hotel Wetterhorn mit dem Bus bis zur Haltestelle „Abzw. Gleckstein" weiterfährt, von dort bis zum Ischpfad wandert und auf dieser Route auch wieder zurückkehrt.

21 Berner Bergspiegel

Wetterhorn, Schreckhorn, Finsteraarhorn – für die Berner Alpen hat sich der liebe Gott schon ganz besondere Drei- und Viertausender ausgedacht. Um die Szenerie ein wenig abzumildern, schuf er die beiden Bach- oder Bachalpseen, die im Ranking der meistgeklickten Schweizer Fotomotive ganz weit vorne liegen.

Bilder von: Daniel Niggli @dani_natur_photography

First – Bachseen – Bussalp

Tourencharakter
Erlebnisreiche Alp- und Bergwanderung auf guten Pfaden (T2). Unterwegs keine Einkehrmöglichkeit.

Start und Ziel
Grindelwald, 1034 m; Bahnhof, gebührenpflichtige Parkplätze im Ort. Mit dem Grindelwald-Bus (Linie 127) zum Berggasthaus Waldspitz, 1918 m. Rückfahrt von der Bussalp zum Bahnhof mit der Linie 126.

Schwierigkeit: **mittel**
Dauer: **3:30 h**
Länge: **7,8 km**
Aufstieg **500 hm**
Abstieg **620 hm**

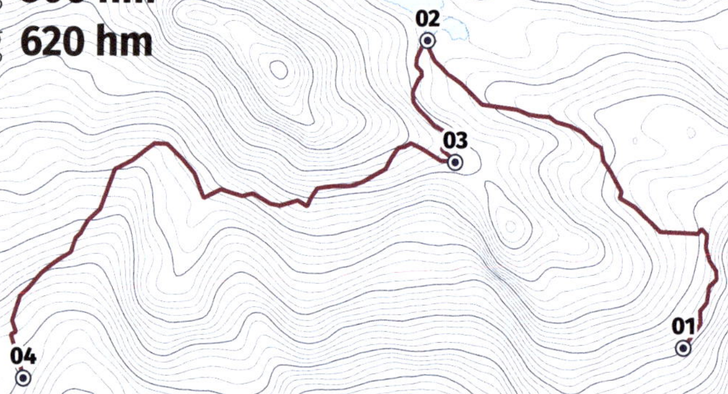

Höhenlinienmodell mit Streckenverlauf

Höhenprofil

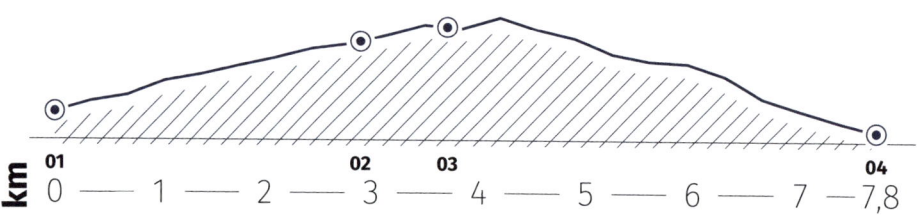

Höhenwege oberhalb der Baumgrenze gibt es einige rund um Grindelwald – einer der schönsten ist jedoch jener, der hoch über dem Ort durch die Südhänge der Reeti führt. Die meisten beginnen diese Wanderung bei der Gondelbahnstation auf der First; weniger begangen ist jedoch die Zugangsroute vom Berggasthaus Waldspitz. Jeder dieser Wege führt zu den beiden übereinandergelegenen Bachseen, die im Ranking der meistgeklickten Schweizer Fotomotive ganz weit vorne liegen. Die vielgerühmte Sicht zu den Gletscherbergen erweitert sich jedoch nach dem folgenden Anstieg zum Südostgrat der Reeti wie mit einem Paukenschlag. Da bleibt man vielleicht länger als geplant vor der kleinen Fernandeshitta sitzen, um all die landschaftliche Pracht zu genießen, bevor man sich in Vorfreude auf Genüsse kulinarischer Art an den Abstieg macht.

▶ Bei der Bushaltestelle vor dem Berggasthaus Waldspitz **01** zeigt der Wegweiser „Bachalpsee" den Beginn des Blumenpfades an. Er verläuft zunächst auf der Schotterstraße zu den Hütten im Bachläger. Vor der Brücke über den Milibach, der weiter unten Mühlen antrieb, biegen wir links ab und gehen zu zwei Hütten hinauf. Von dort steigt ein Pfad unter der Sattelegg (2226 m) ins weite Hochtal des Milibachs an, wo das flache Gewässer schöne Mäander bildet. Nach ungefähr 1½ Stunden erreichen wir den unteren der beiden Bachseen **02** (2265 m) 📷, in denen sich – wenn es windstill ist – das Wetter- und das Schreckhorn spiegeln. Vor dem See zweigen wir links auf einen Pfad mit der Beschilderung „Spitzen, Feld, Bussalp" ab. Er führt hoch über dem Tal durch die Abhänge der Reeti (2756 m) zu einer unmarkierten Gabelung, von der man geradeaus zu den kleinen Felstürmen auf dem Kamm geht („Spitzen"). Rechts davon steigen wir zur nahen Fernandeshitta **03** (2401 m) an – bei dem kleinen hölzernen Unterstand bereichern auch der Eiger und die Jungfrau das Panorama.

Dann geht's durch die Schutt- und Grashänge der Reeti bergab, bis hinter einer Anhöhe (2164 m) das „Feld" auf der Alp Holzmatten auftaucht. Gemäß dem Wegweiser „Bussalp Oberläger" wandern wir über einen tief eingeschnittenen Schuttgraben (Holzstufen) und über Weiden zur nächsten Abzweigung. Der linke Graspfad führt Richtung „Bussalp Höhenwege 2000/2200" abwärts, an einem Alpweg vorbei und hinab zum Restaurant auf der Bussalp **04** (1825 m).

22 Von Blickpunkt zu Blickpunkt

Es erwarten uns auf dieser Tour grandiose Ausblicke – zur Viertausenderparade von der Jungfrau bis zum Schreckhorn, aber auch in die Tiefe zum Brienzersee.

Bilder von: **Matthias Burkhard @matthias.burkhard.7**

Über das Faulhorn 2681 m

Tourencharakter
Lange Tour auf Bergwanderwegen (T2). Bei Nebel wird die Orientierung im Bereich des Faulhorns schwierig. Einkehren und übernachten kann man unterwegs im Berghaus Männdlenen und im Berghotel auf dem Gipfel des Faulhorns.

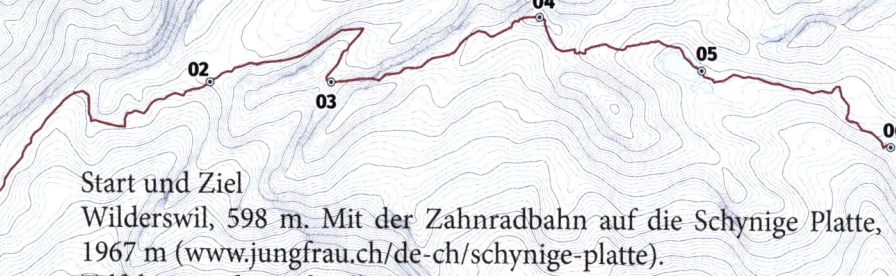

Start und Ziel
Wilderswil, 598 m. Mit der Zahnradbahn auf die Schynige Platte, 1967 m (www.jungfrau.ch/de-ch/schynige-platte).
Talfahrt mit der Luftseilbahn First nach Grindelwald (www.jungfrau.ch/de-ch/grindelwaldfirst); von dort per Bahn nach Wilderswil.

Schwierigkeit: **mittel**
Dauer: **6:00 h**
Länge: **15,9 km**
Aufstieg **840 hm**
Abstieg **660 hm**

Höhenlinienmodell mit Streckenverlauf

Höhenprofil

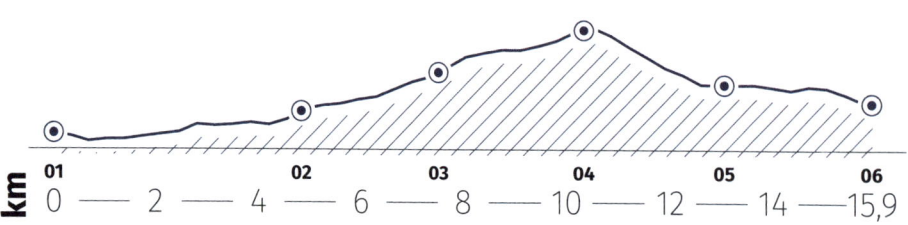

Diese Tour muss man einfach einmal unternommen haben! Der berühmte und dementsprechend vielbegangene Höhenweg von der Schynigen Platte bis zur First durchquert eine abwechslungsreiche Gebirgslandschaft

▶ Von der Bergstation auf der Schynigen Platte **01** gehen wir Richtung Berghotel, zweigen links auf den Weg Richtung „Lauchera Grätli, Faulhorn, First" ab und überqueren den Bahnübergang. Dann wandern wir an der Alp Oberberg vorbei zur Abzweigung unter dem Loucherhorn. Von dort steigen wir geradeaus zur nächsten Gabelung an, wo wir dem Wegweiser „Männdlenen, Faulhorn, First" folgen. Der Pfad führt rechts durch das Kar unter dem Loucherhorn (2230 m) zu einer Geländerippe und dann sanft abwärts. Hinter dem Güwtürli (2027 m) wandern wir flach durch die Schuttmulde des Güw und steigen zum Grassattel am Egg **02** (2067 m) an.

Rechts schießen die Felswände der Ussri und der Indri Sägissa (Sägishörner) in die Höhe. An ihrem Fuß steigt der Pfad sanft durch Schutt an, bis er sich unter einer Felskante nach rechts wendet. Dann marschieren wir durch eine Felsmulde zum Berghaus Männdlenen **03** (2344 m) hinauf. Nach 2:45 h erreichen wir die Hütte, die unter dem Massiv der Winteregg steht. Der Weiterweg führt zunächst recht steil und über ein paar Holzstufen durch eine Felsflanke empor. Bald geht's nach links und über eine breite, nur sanft ansteigende Schuttrampe auf einen breiten Rücken, von dem man den Sägistal- und den Brienzersee erblickt. Markierungsstangen erleichtern die Orientierung beim Anstieg zum Punkt 2546 m, wo ein Pfad von Iseltwald her einmündet. Hoch über dem Kar Lochweeri wandern wir nun zur Kuppe des Faulhorns, unter der sich die Route teilt: Links zieht der schmale Gratweg durch den Steilhang auf den Gipfel, rechts durchquert der breitere Weg den Südhang, bis man links zum alten Berghotel ansteigen kann. Wenige Meter oberhalb davon genießen wie vom höchsten Punkt des Faulhorns **04** (2681 m) 📷 eine umfassende Rundsicht; 1 ½ Stunden.

Der Wegweiser „First" zeigt den Abstieg nach Süden an. Der breite Weg schlängelt

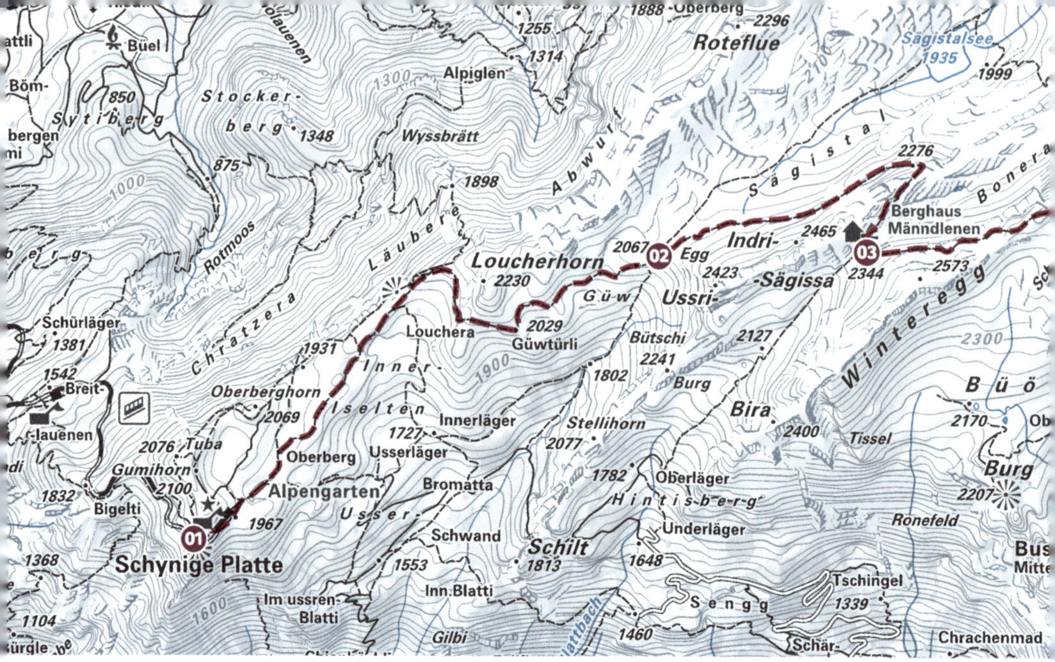

sich zum Sattel des Gassenbodens (2553 m) hinab. Von dort geht's links unter der dunklen Felsburg des Reeti (2757 m) bergab. Vorbei an zwei kleinen, offenen Steinhütten gelangen wir nach knapp 1 Stunde zum Bach- oder Bachalpsee **05** (2271 m, Unterstandshütte). Nun zeigt ein Schild noch 40 Minuten Gehzeit bis zur First an. Der breite Weg zieht nach links, durch die Hänge unter dem Ritzengrätli zum Chämmmlisegg und zuletzt auf einer Alpstraße zur Bergstation der First-Luftseilbahn **06** (2167 m). Ein luftiges Tourenfinale bietet der „First Cliff Walk". Der rechts abzweigende Felssteig durchquert die Wandabbrüche; ein weit hinausragender Aussichtssteg bietet einen spektakulären Blick auf das Grindelwalder Alpinpanorama. Dann schweben wir in der Gondel (vier Sektionen) nach Grindelwald (1061 m) hinunter.

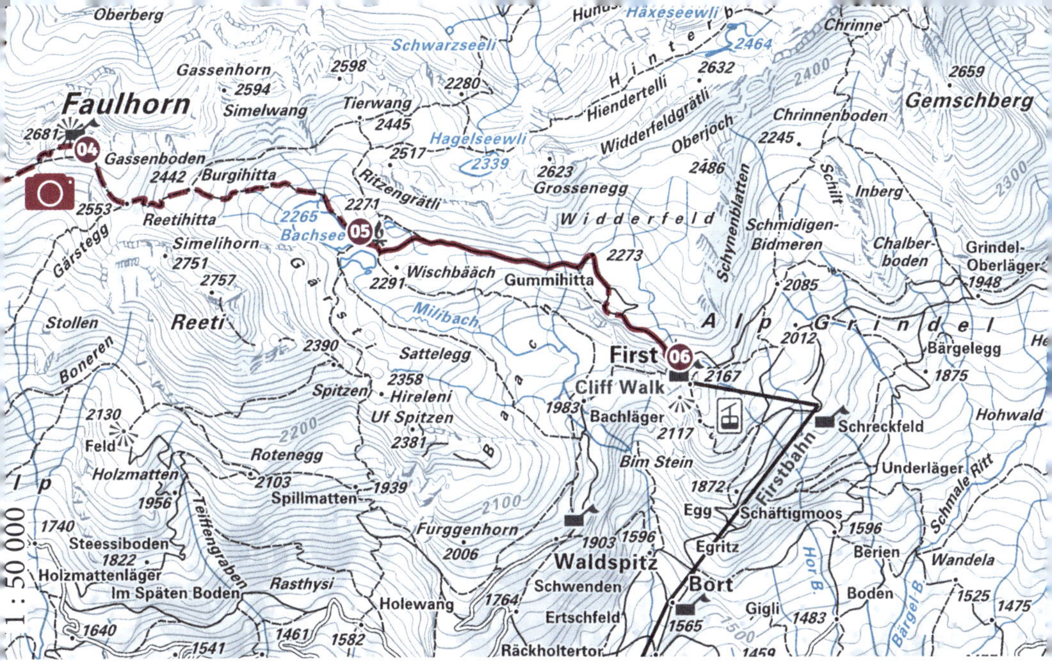

23 Wasserguss mit Grandhotel-Komfort

Rund um den Brienzersee verbergen sich etliche Naturwunder. Das bekannteste davon sind die Wasserfälle des Giessbachs, die eine Gesamthöhe von 290 m aufweisen. Direkt vor diesem nassen Spektakel erbaute man 1857 eine Herberge für Touristen; das heutige Grandhotel stammt aus dem Jahr 1884.

Bilder von: **Michael Bender @insulinandphotoshots**

Zu den Giessbachfällen

Tourencharakter
Rundtour auf stellenweise steilen Pfaden (T2). Von Giessbach kann man auch mit dem Schiff nach Iseltwald zurückfahren. Einkehrmöglichkeit: Grandhotel Giessbach (Kiosk, Restaurants).

Start und Ziel
Iseltwald, 566 m, Dorfplatz; Postauto-Haltestelle, Parkplätze am Ortsrand und im Zentrum.

Schwierigkeit: **mittel**
Dauer: **4:30 h**
Länge: **14,8 km**
Aufstieg **650 hm**
Abstieg **650 hm**

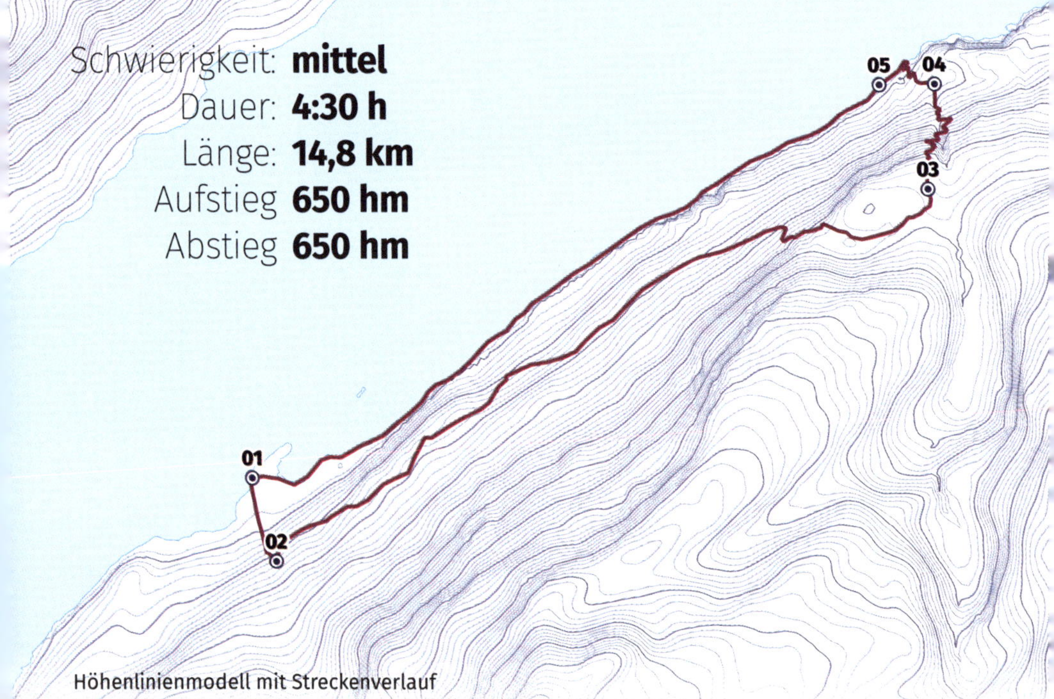

Höhenlinienmodell mit Streckenverlauf

Höhenprofil

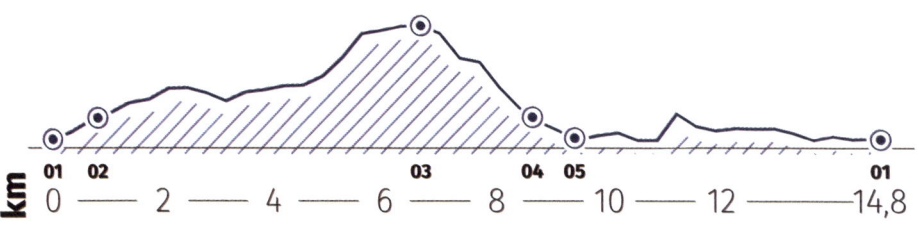

▶ Vom Dorfplatz in Iseltwald **01** gehen wir 100 m nach Westen Richtung Schiffsanlegestelle und biegen vor dem Seeufer links ab (Tenn). Bei der Abzweigung des Wanderweges nach Bönigen bleiben wir auf der schmalen Straße, die nach Süden über die Ackermatte zum Mülibach führt. Jenseits der Ortsstraße folgen wir den Wegweisern „Mülibachfall, Giessbach, Brienz" auf einem Kiespfad zur Brücke der Autobahn (Zebrastreifen). Nach einem Drehkreuz zweigt der Pfad zum 147 m hohen Mülibachfall **02** (633 m) links ab; 30 Minuten.

Davor zweigen wir links ab und wandern zu einem Fahrweg, der rechts zum Anwesen Louberli zieht. Etwas weiter oben biegt der Weg zu den Giessbachfällen links ab. Er führt 1,5 km durch Wald und Wiesen dahin. Nach der Unterquerung einer Hochspannungsleitung geht's hinab zu einem weiteren Fahrweg, auf dem wir rechts ansteigen.

Auf dem 1 km langen Wiesenbalkon von Büel und Hag (803 m) begleitet uns wieder die Stromleitung, dann steigen wir auf einem Pfad durch Waldhänge an. Zwischen Felsbändern und durch den Mälbächligraben erreichen wir die 300 m höher gelegene Wiese „Bim Alten Hus" (1054 m), von der eine Forststraße durch das Hochtal des „Bodens" führt. Nach einer Abzweigung kommen wir geradeaus durch Wald zur Schweibenalp **03** (1062 m). 1 ¼ Stunden.

Vor dem einstigen Kurhaus folgen wir dem Wegweiser „Giessbach/Hotel, Giessbach/See". Links führt ein Waldpfad bergab. Die Felsen der Schweibenflue werden über Stufen, einer Metalltreppe und aus dem Fels gehauenen, mit Geländern versehenen Passagen überwunden.

So erreichen wir eine Brücke vor der Klamm, aus der der Giessbach über den obersten seiner zwölf Wasserfälle tost. Anschließend schlängelt sich der Weg neben dieser Sturzbachkette abwärts. Der Wasserfall Nummer sieben lockt zu einem kleinen Abstecher hinter die stürzende Gischt 📷, hinter der sich das Grandhotel Giessbach **04** (666 m) in Szene setzt. Wir erreichen die Terrasse dieses baulichen Kleinods nach 1 Stunde.

Der Abstieg zum Brienzersee (Schiffsanlegestelle Giessbach, 566 m) **05** nimmt 15 Minuten in Anspruch. Nahe dem Seeufer führt der Spazierweg über den untersten Wasserfall des Giessbachs.

Der letzte Abschnitt dieser Tour verläuft am Südufer des Brienzersees – stellenweise über Felspassagen, durch Bergsturzgelände und einen kleinen Tunnel. Schließlich erreichen wir mit Blick zum Schnäggeninseli den Campingplatz von Iseltwald. Auf der Uferpromenade und der Seestraße gelangen wir nach etwa 1 ½ Stunden wieder zum Ausgangspunkt zurück.

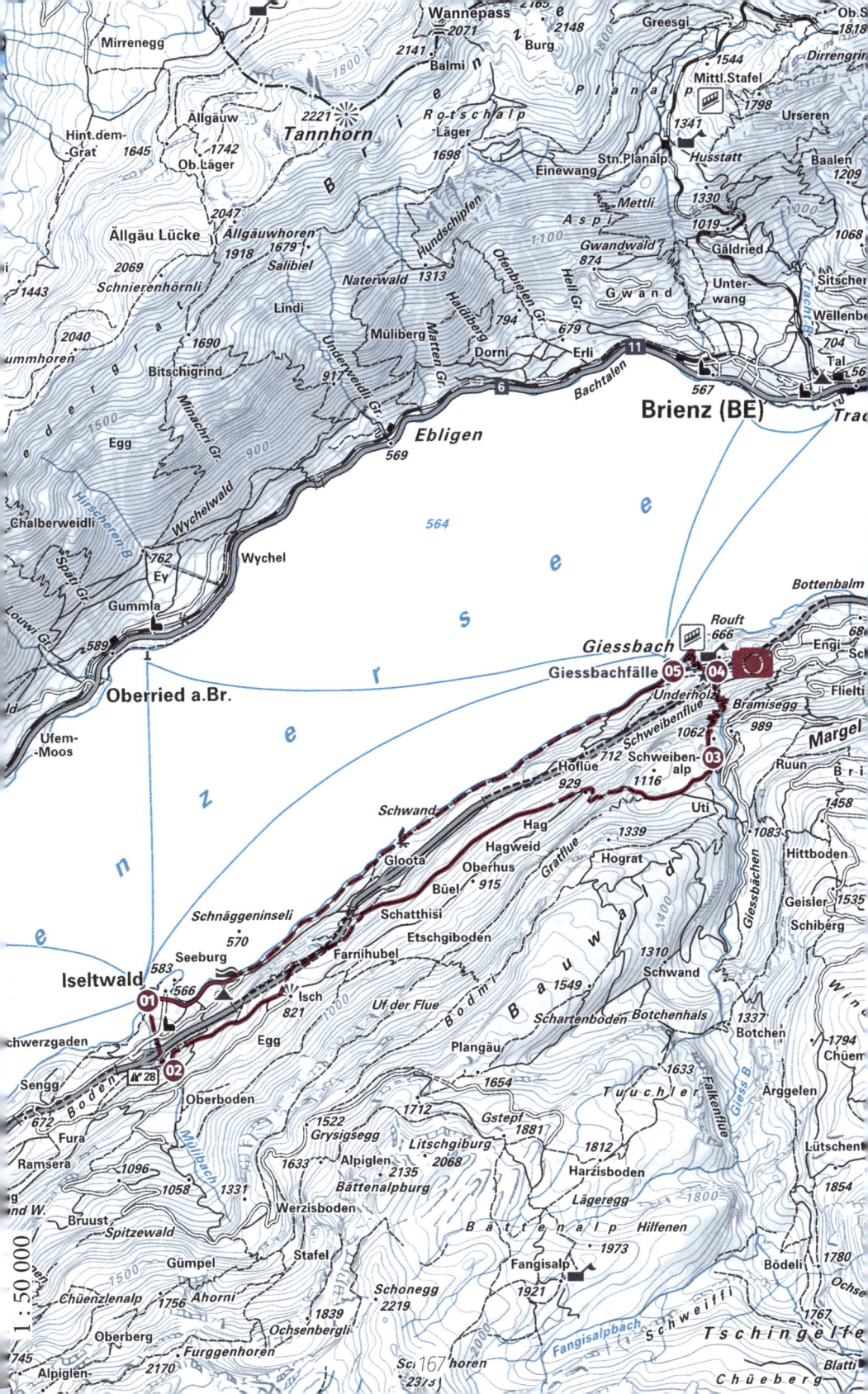

24 Drei Stunden Gipfelschau

Wenn man aus dem Waggon der dampfprustenden Zahnradbahn steigt und zu Fuß die paar Höhenmeter bis zum Gipfel des Brienzer Rothorns überwindet, kommt man aus dem Gipfelzählen nicht mehr heraus. Und das Schönste daran: Dieses Megapanorama würzt die ganze folgende Höhenwegwanderung bis zur Seilbahn-Bergstation am Turren.

Bilder von: **Daniel Niggli @dani_natur_photography**

Auf das Brienzer Rothorn 2350 m

Tourencharakter
Anspruchsvolle Bergtour auf stellenweise ausgesetzten Pfaden, die absolute Trittsicherheit und Schwindelfreiheit erfordern (T3); bei Schlechtwetter oder Schneelage sehr gefährlich!

Start und Ziel
Brienz am Brienzersee, 567 m, Talstation der Zahnradbahn auf das Brienzer Rothorn; Parkplatz, Bahnhof, Postauto-Haltestelle und Schiffsanlegestelle. Auffahrt mit der Zahnradbahn zur Station Planalp, 1341 m (brienz-rothorn-bahn.ch).

Schwierigkeit: **schwer**
Dauer: **5:20 h**
Länge: **11,7 km**
Aufstieg **1000 hm**
Abstieg **1000 hm**

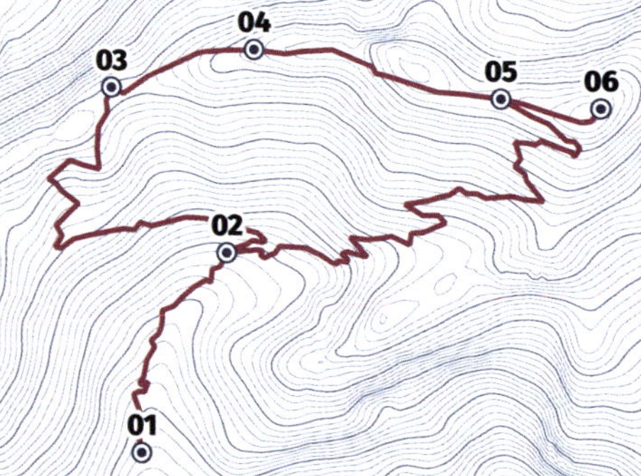

Höhenlinienmodell mit Streckenverlauf

Höhenprofil

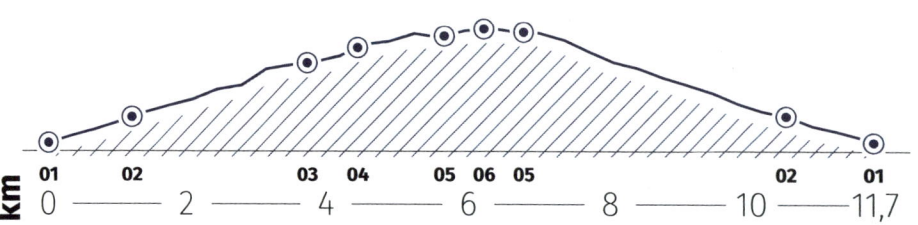

Man muss im Leben immer steil bergwärts gehen, das hält einfach jung – und macht glücklich.

Anderl Heckmair (1906–2005)

▶ Von der Bahnstation auf der Planalp ⬛01 folgt die Wanderroute aufs Brienzer Rothorn einem Fahrweg links über einen Bahnübergang und über den Mülibach. Danach biegen wir bei der zweiten Abzweigung rechts ab und wandern in 45 Minuten neben dem Graben – zuletzt auf einem Abkürzungsweg – zu den Alphütten von Greesgi ⬛02 (1566 m) hinauf.

Dort nehmen wir die Alpstraße Richtung „Chruterenpass", die zur Alp Gummi (Uf der Chuefuren, 1822 m) ansteigt. Weiter geht's auf einem Pfad, der sich durch ein Schuttkar unter dem Brienzergrat und einem felsigen Grashang auf die Anhöhe über dem Choppisegg schlängelt. Dahinter

wandern wir durch steileres Gelände in den felsigen Chruterenpass ⬛03 (2053 m) hinauf. Der Wegweiser „Chruterenboden, Rothorn" gibt nun die Gehrichtung durch die sehr steile und grasige Nordseite des spitzen Kammes vor. Bei der folgenden Weggabelung gehen wir rechts Richtung „Rothorn" weiter. Wir sind nun auf dem „Grenzpfad Napfbergland" (Nr. 65) unterwegs, der eine Anhöhe anpeilt. Von dort erblicken wir über einem Schuttfeld das Lättgässli ⬛04 unter den felsstarrenden Lanzizähnen. Die schmale und steile Felskluft lässt sich jedoch dank einer betonierten, mit soliden Stahlseilen und Halteketten versehenen Treppe viel einfacher als gedacht erklimmen.Oben am Grat (2175 m) angekommen erscheinen

wieder die Hochgipfel der Berner Alpen im Süden – doch die sollte man nur bei einem Halt bewundern, denn der Pfad durchquert nun die sehr abschüssigen Grashänge unter zwei weiteren Kammerhebungen hoch über dem Kessel der Alp Greesgi (die Schwindelfreie auch überschreiten können). Eine dritte aus schrägen Gesteinsschichten aufgebaute Kuppe mit dem eigenartigen Namen Schongütsch (2319 m) trägt ein Gipfelkreuz und lässt sich auf einem kurzen Stichpfad „mitnehmen". Dann befinden wir uns bereits über der Bergstation der Rothornbahn **05** (2266 m). Von dort gehen wir in etwa 20 Minuten auf einem breiten Weg – vorbei am Restaurant Rothorn Kulm

und an der Bergstation der Seilbahn, die von Sörenberg herauffährt – zur Plattform auf dem Gipfel des Brienzer Rothorns **06** (2350 m) hinauf 📷 .

Wer nicht mit der Zahnradbahn talwärts fährt folgt nach dem 10-Minuten-Abstieg zum Restaurant dem links abzweigenden Pfad Richtung „Ober Stafel, Planalp", der durch die steilen Südhänge unter dem Rothorn zum Bahntrassee und nach seiner Überquerung am Ober Stafel (1818 m) hinunterzieht. Kurz danach geht's links nach Greesgi **02** und wieder auf der Zugangsroute bis zur Bahnstation auf der Planalp **01** zurück.

25 „Gipfelschwelgen" auf Grasbergen

So schön können die Berner Voralpen sein! Das 2136 m hohe Augstmatthorn erhebt sich als zentraler Gipfel im aussichtsreichen Brienzergrat, der sich vom Harder Kulm über Interlaken bis zum Brünigpass hinzieht. Ein Aussichtsbalkon hoch über dem Brienzersee und dem hintersten Emmental!

Bilder von: **Makeila Rose Lundy @makeilarose**

Auf das Augstmatthorn

Tourencharakter
Lange Bergwanderung auf Pfaden und Wegen (T3) zu einem der schönsten
Aussichtspunkte über dem Brienzersee und zur größten Steinwild-Kolonie
im Berner Oberland. Kurze Hartbelagstrecken in den Bereichen Habkern und
Lombachalp.

Start und Ziel
Habkern (1067 m) im Lombachtal nordöstlich des Thunersees; Zufahrt (Postauto) von Interlaken.

Schwierigkeit: **schwer**
Dauer: **6:30 h**
Länge: **15,1 km**
Aufstieg **1113 hm**
Abstieg **1129 hm**

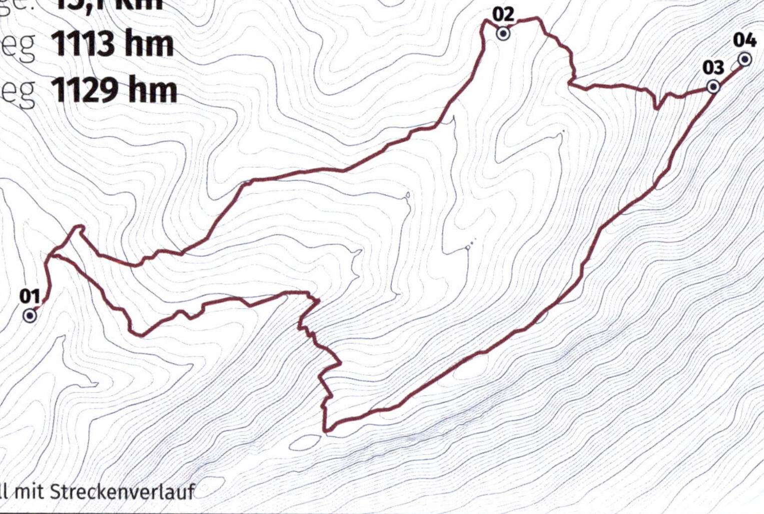

Höhenlinienmodell mit Streckenverlauf

Höhenprofil

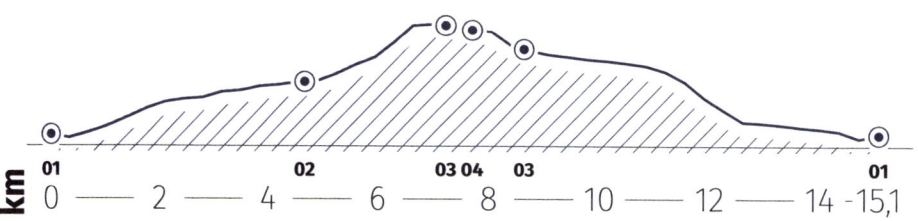

▶ Von der Post in Habkern  01 wandern wir leicht abwärts zur Brücke, die den tief eingeschnittenen Traubach überspannt. Im Wald dem Sträßchen nach Bolsiten folgen, bei der Verzweigung jedoch rechts über den Bolbach halten. Am Waldsaum auf einem Fußweg bergseitig über die sonnigen Hänge aufwärts und in langgezogenem Bogen zu den Hütten von Schwendallmi (schöner Rückblick auf einen Teil von Habkern und dem langgezogenen Güggisgrat).

Nach knapp 10 Minuten bieten sich bereits die ersten Varianten an (nach Bodmi–Horet/Läger–Habkern 2 ¼ Stunden; nach

Bodmi–Horet/Läger–Harder Kulm 2 ¾ Stunden).Sanft geht's weiter über Wiesen aufwärts, bis man etwa 1 km vor der Lombachalp 02 (1559 m) wieder auf das Sträßchen kommt. Die Lombachalp ist in der Landeskarte mit dem Flurnamen Roteschwand bezeichnet.

Der Aufstieg zum Augstmatthorn ist von hier aus in seiner ganzen Länge überblickbar. Nach der großen Linkskehre das Sträßchen Richtung Lombach verlassen. Der Weg zieht sich nun, bereits kräftig steigend, zur Bodmisegg empor (nach Bodmi–Schwendallmi–Habkern 1 ¼ Stunden, nach

Bodmi–Horet/Läger–Habkern 2 ¾ Stunden, nach Bodomi–Horet/Läger–Horetegg–Harder 2 ½ Stunden).

Der eigentliche, schweißtreibende Aufstieg steht aber noch bevor! Im Zickzack windet sich der Pfad an Punkt 1771 vorbei (nach Tritt–Niederried 3 Stunden, nach Tritt–Ober Horet–Harder 2 ½ Stunden) zur Grathöhe **03** und zieht sich dann als gut sichtbarer Gratpfad zur Aussichtswarte Augstmatthorn **04** (2136 m).

Die Aussicht von hier oben zählt zu den allerschönsten im ganzen Brienzerseegebiet **O**. Tief unten liegt das lange, schmale Seebecken, jenseits des Sees erheben sich Schynige Platte und Faulhornkette, dahinter die Schneeriesen der Hauptkette der Berner Alpen in ihrer schönsten Pracht. Besonders interessant ist auch der Blick gegen Norden ins Einzugsgebiet der Emme, auf den Hohgant und gegen Westen ins Habkerntal.

Über die Grathöhe führt der Pfad nun südwestwärts zum Suggiture und sehr steil hinunter zum Tritt (nach Niederried 2 ½ Stunden). Prächtig ist der Tiefblick aufs Bödeli und die Schwemmlandebene zwischen Brienzer- und Thunersee. Der Höhenweg über Horetegg (nach Ringgenberg 2 ¼ Stunden) und Ober Horet (nach Harderkulm 1 ¼ Stunden) gestattet prächtige Tief- und Fernblicke auf beide Seiten des Grats. Sehr steil gehts nun hinunter zur Hütte im Horet Läger und für den folgenden 400-m-Abstieg in den Talboden wird nicht einmal 1 km Wegstrecke benötigt.

Über prächtige Alpweiden gehts von Tschieme über Schwendi und Bolsiten zurück nach Habkern **01**.

179

26 Der lange Weg zu den großen Bergen

Was für eine Tour! Der Weg zu den Reichenbachfällen als Amuse-Gueule, dann ein Hochgebirgstal mit dem romantischen Namen Rosenlaui und schließlich der landschaftliche Paukenschlag auf der Großen Scheidegg, der Blick zum Felszahn des Eigers mit dem daneben aufragenden Gletscherhermelin des Mönchs ...

Bilder von: **Michael Bender @insulinandphotoshots**

Meiringen – Große Scheidegg – Grindelwald

Tourencharakter
Wanderung auf Nebenstraßen und Pfaden T 2). Nächtigungsmöglichkeit am Weg: Gasthaus Zwirgi, Berggasthof Kaltenbrunn-Säge, Alpenlodge, Hotel Rosenlaui, Chalethotel Schwarzwaldalp, Berghotel Große Scheidegg, Hotel Wetterhorn.

Start und Ziel
Meiringen, 595 m, Bahnhof; Postauto-Haltestelle. Rückfahrt von Grindelwald per Bahn über Interlaken.

Schwierigkeit: **mittel**
Dauer: **7:35 h**
Länge: **23,9 km**
Aufstieg **1420 hm**
Abstieg **980 hm**

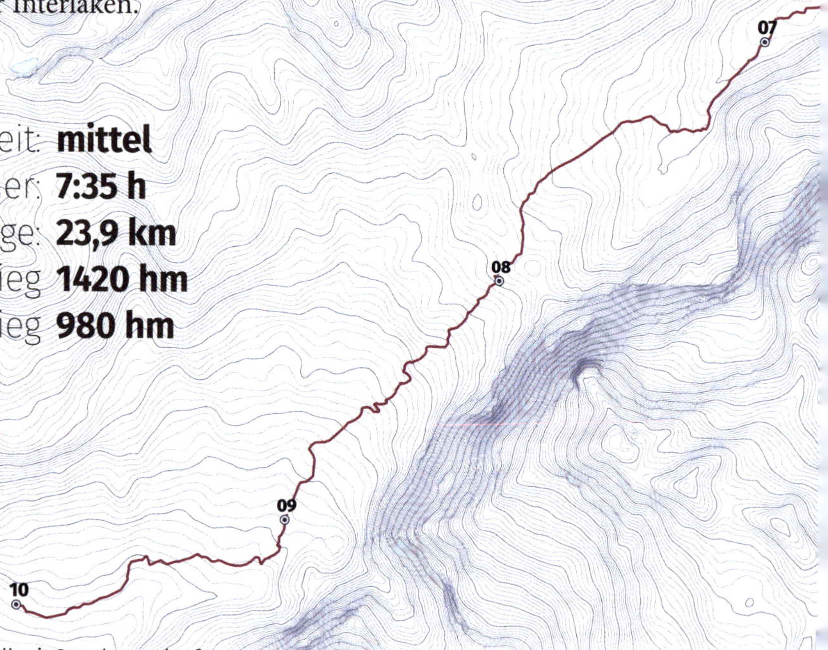

Höhenlinienmodell mit Streckenverlauf

Höhenprofil

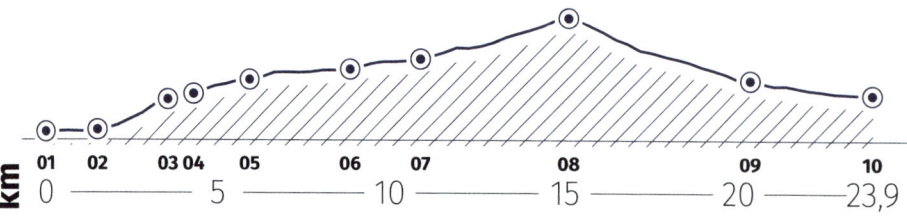

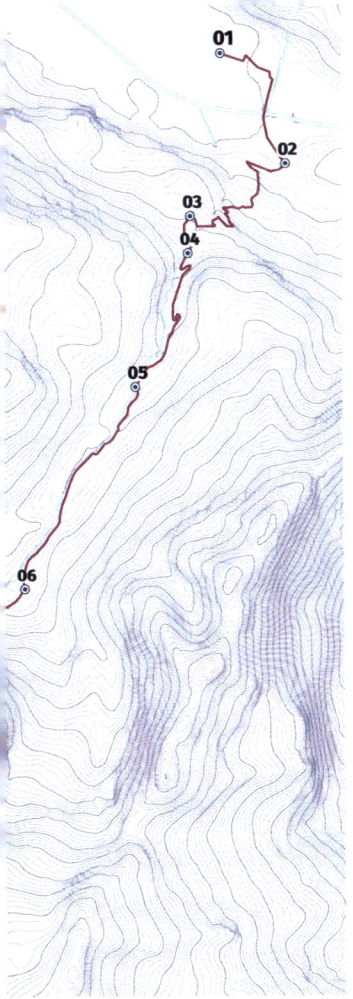

Nur wer seinen eigenen Weg geht, kann von niemandem überholt werden.

Marlon Brando (1924–2004)

▶ Gegenüber dem Bahnhof in Meiringen **01** zeigt die Beschilderung „Rosenlaui, Große Scheidegg" rechts über den Bahnhofsplatz. Wir wandern über Willingen **02** (621 m) zu den Aussichtspunkten über dem Reichenbachfall **03**. Weiter oben führt der Weg rechts zum Gasthaus Zwirgi **04** (971 m, Postauto-Haltestelle) hinauf; 1 ½ Stunden. Von dort geht's auf dem alten Saumweg bergauf, wobei er die Asphaltstraße kurz tangiert und zweimal kreuzt. Nach der Brigglesyten müssen wir bis zum Berggasthof Kaltenbrunn-Säge **05** (1210 m, Postauto-Haltestelle) auf der Fahrbahn marschieren 📷; 45 Minuten ab Zwirgi.

Nach dem Parkplatz der nahen Alpenlodge zweigt der Saumweg rechts ab. Er führt zur Gschwantenmad (1303 m, Postauto-Haltestelle) und zum nostalgischen Hotel Rosenlaui **06** (1328 m, Postauto-Haltestelle); 45 Minuten ab Kaltenbrunn-Säge. Nach der Brücke führt ein Abkürzungspfad zum Parkplatz beim Zugang zur Rosenlaui-Gletscherschlucht hinauf (Abstecher, 45 Minuten). Von dort wandern wir auf dem Saumweg neben der Straße taleinwärts, bleiben vor der Brücke bei Broch (Postauto-Haltestelle) links des Baches und erreichen nach gut 30 Minuten die Schwarzwaldalp **07** (1456 m) mit ihrem Hotel und der historischen Säge.

Unter der Felskulisse der Engelhörner, des Well- und des Wetterhorns (3692 m) endet hier die öffentlich befahrbare Straße durch das Reichenbachtal; hier wechseln Fahrgäste vom Postauto zum Grindelwald-Bus.

Die Via Alpina (Nr. 1) ist die kürzere der beiden Routen, die nun zur Großen Scheid-egg führen. Sie folgt weiterhin dem Bach, überquert ihn und steigt durch einen Waldhang zu den Weiden von Alpiglen (1678 m) an. Von dort führt der Weg – die

Grossenegg
Widderfeld
Schynenblatte
Schmidigen-
Bidmeren
Inberg
Chalber-
boden
Grindel-
Oberläger
1948
Scheidegg-
Oberläger
1690
Alpiglen
2271
2291
Wischbääch
Gummihitta
2273
2085
Grat-
2006
schärem
2029
Milibach
Alp Grindel
2012
Bärgelegg
Heidbiel
Chiematenhubla
Ahornisegg
Sattelegg
First
2167
1875
Chalberboden
2358
Hireleni
Cliff Walk
1983
Bachläger
2117
Schreckfeld
Hohwald
Grosse Sch
Uf Spitzen
2381
Bim Stein
1809
Stepfi
1962
08
Alp Scheidegg
1939
Firstbahn
Underläger
Schmale Ritt
1872
Egg
Schäftigmoos
1596
Furggenhorn
2006
1903
1596
Egritz
Berien
Wandela
1730
Ob. Lauchbühl
Waldspitz
Bort
Hor B.
Bärgel B.
Schwenden
Boden
1525
1475
Holewang
1764
Ertschfeld
1565
Gigli
1483
Wätterlouwina
3361
Räckholtertor
1459
1455
1520
Alpweg
Im undren Loichbiel
3455
1698
Nodhalten
1568
Schwarzigen-
hüsren
1589
Chrisegg
1630
Alpenvogelpark
3692
Sumpfen
Milibach
1362
Gutzgletscher
1345
1590
Byhorn
Ischboden
Moos
Weidli
1356
Hotel
Wetterhorn
2167
Stotzweng
Dirrslichren
1330
Mühlebach
1297
1217
Undrem Berg
2737
Grindelwald
09
Chrinnenhorn
Chrinnengletscher
1144
1228
Engi
Brünneli
Hubel
1166
Underhüsren
Gaggi
1670
Steinbockkolon
Isch
1058
Schwarze Lütschine
1348
Milchbach
Wyssbach
2317
1034
1061
1057
1076
Glecksteinhütte
SAC
10
Sulz
986
2128
Im und.
Wächsel
Endweg
Halten
1 : 50 000

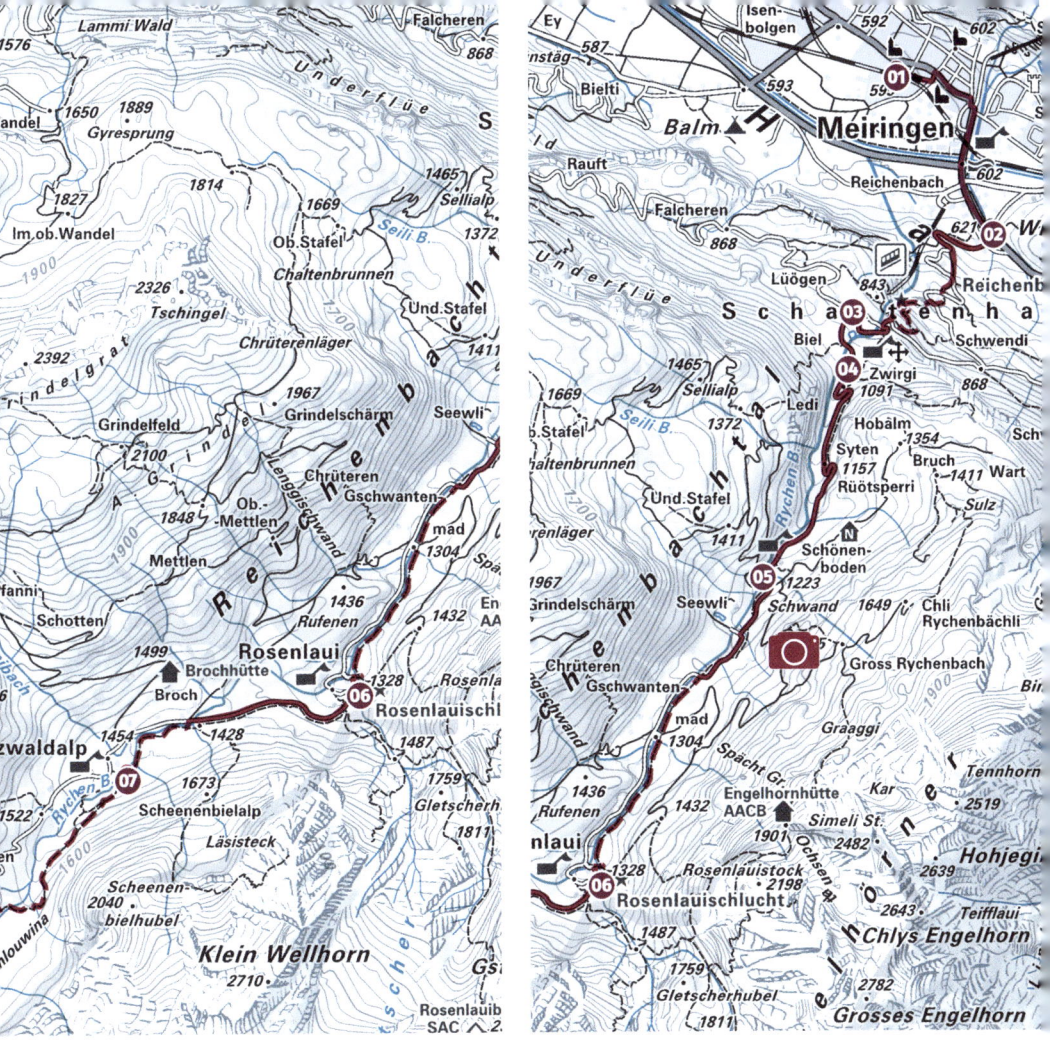

geteerte, aber für den öffentlichen Verkehr gesperrte Straße mehrmals kreuzend – über Wiesenhänge und durch kleine Hochmoore zwischen dem rechts sichtbaren Schwarzhorn (2927 m) und dem noch viel eindrücklicheren Wetterhorn zum Sattel der Großen Scheidegg **08** (1962 m, Berghotel und Bus-Haltestelle) hinauf. Nach 1 ¾ Stunden belohnt dort der Anblick von Eiger und Mönch über dem Talbecken von Grindelwald alle Strapazen.

Der Abstiegsweg auf der Via Alpina quert mehrmals die Straße folgt ihr einmal über 200 Meter. Rasch kommt man in licht be-

waldetes Gelände, an der Abzweigung zur Glecksteinhütte vorbei und zum Unterloichbiel hinunter. Der nächste Wegabschnitt verläuft auf Alpwegen und kurz auf der Asphaltstraße zum Hotel Wetterhorn **09** (1228 m, Bus-Haltestelle); 1 ¼ Stunden von der Großen Scheidegg. Der Wegweiser nach Grindelwald zeigt nun nur noch eine Gehzeit von 50 Minuten an. Die Via Alpina führt durch Wald bergab und rechts in den Weiler Unterhäusern. Nach der Querung eines Grabens gelangen wir auf einer Straße ins Ortszentrum von Grindelwald **10** (1056 m). Zum Bahnhof (1034 m) sind es noch 15 Minuten auf der Dorfstraße.

27 Dolomitenfeeling im Herzen der Schweiz

Der 1,3 km lange, bis zu 600 m breite und 49 m tiefe Engstlensee ist ein beliebtes Ausflugsziel zwischen dem Haslital und Engelberg. Von dort „schwappt" das Skigebiet um den 3238 m hohen Titlis über den Jochpass herüber – am Fuße der Wendenstöcke, die fast an die Dolomiten erinnern.

Bilder von: **Michael Bender @insulinandphotoshots**

Engstlensee – Jochpass 2207 m

Tourencharakter
Abwechslungsreiche Pass- und Alpwanderung auf Pfaden mit kurzen felsigen Passagen (T2). Einkehren kann man auf der Engstlenalp, am Jochpass und auf der Tannalp.

Start und Ziel
Engstlenalp, 1834 m; mautpflichtige Zufahrt von der Sustenstraße (Abzweigung circa 3 km östlich von Innertkirchen, dann noch 11 km durch das wunderschöne Gental); Engstlenalp-Bus ab Meiringen bzw. Innertkirchen (https://engstlenalp-bus.ch).

Schwierigkeit: **mittel**
Dauer: **3:35 h**
Länge: **12,2 km**
Aufstieg **450 hm**
Abstieg **450 hm**

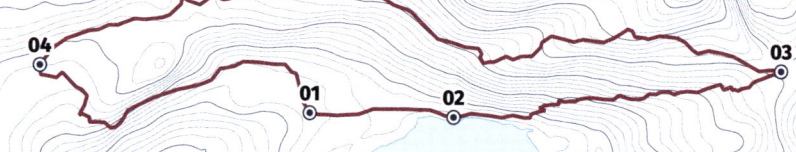

Höhenlinienmodell mit Streckenverlauf

Höhenprofil

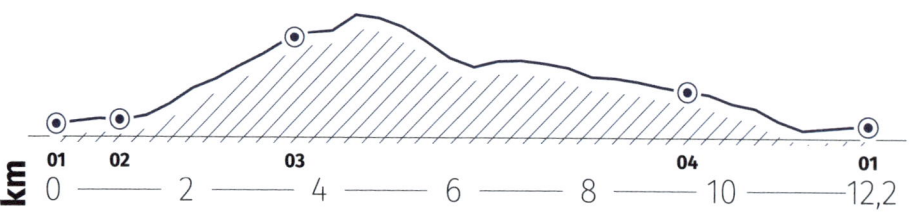

▶ Vom Ostrand des Parkplatzes auf der Engstlenalp **01** steuern wir links die nahe Rossboden-Hütte an (Beschilderung „Jochpass Talstation, Jochpass"). Davor biegen wir rechts Richtung „Jochpass" ab und wandern auf der Alpstraße **◯** (Via Alpina, Nr. 1) zum Engstlensee **02** (1850 m). Prachtvoll ist der Blick übers Wasser zum Rothorn (2525 m) und zu den wilden Wendenstöcken (2957 m; deutlich ist die markante Felsnadel im Wendesattel zu sehen). Nach etwa 45 Minuten Gehzeit zweigt über dem Nordufer rechts der kurze Zugang zur Talstation der Jochpass-Sesselbahn ab – der Wanderweg zum Jochpass führt dagegen links weiter und steigt über die Grashänge des Soimbodens neben dem Lift an. Nach weiteren 45 Minuten stehen wir bei der Bergstation am Jochpass **03** (2207 m) – gleich dahinter steht das Berghaus am kleinen Jochseeli.

Davor biegen wir scharf nach links ab und steigen gemäß dem Wegweiser „Trübsee, Gerschnialp, Engelberg" auf einem erdigen, stellenweise auch steinigen Pfad durch die steilen Wiesenhänge unter dem Rot Nollen an; die Abzweigung des Klettersteigs bleibt unbeachtet. Durch die Mulde der Gumm

gelangen wir auf eine Geländekante (2323 m) unter dem Schafberg, hinter der wir die flachen Karrenfelder im Schaftal (und in der Ferne auch schon den Tannensee) erblicken. Von dort geht's wieder sanft über Hochweiden mit Blick auf den Engstlensee abwärts. Unterhalb einer Alphütte überqueren wir das Schaftal (2100 m) unterhalb einer Schutthalde, gleich danach zweigen wir rechts Richtung „Tannalp, Melchsee-Frutt" ab. Nun wandern wir über das Leng Egg ins weite Kar unter der auffälligen Felsburg des Gwärtler (2437 m); links in der Tiefe zeigt sich die Engstlenalp mit ihrem Berghotel. Bald treffen wir auf einen Fahrweg, dem wir 170 m weit folgen, bevor wir rechts wieder auf dem signalisierten Pfad weitergehen. Er führt durch zerklüftete Karrenplatten zur Brücke am Hengliboden (2010 m) hinab.

Die Beschilderung „Tannenalp" weist links zu einem Fahrweg hinauf, der links um den grünen Vogelbüel (2071 m) und an einem kleinen See vorbei zum Berggasthaus auf der Tannalp **04** (1974 m) zieht; 1 ½ Stunden. Die Abstiegsroute zur Engstlenalp verläuft auf der links abzweigenden Schotterstraße (Via Alpina). Unterhalb der Kapelle und der Käserei verschmälert sich der Weg, führt über eine Geländekante hinab und durchquert die Felsstufe am „Geisstritt" – das aus dem Gestein geschlagene Trassee ist mit Stahlseilen gesichert. Unten passieren wir eine Abzweigung und einen Wasserfall, der über breite Felsplatten rauscht, dann gelangen wir im sanften Auf und Ab durch Weiden zum Hotel auf der Engstlenalp **01**; 35 Minuten.

28 Atemholen statt Autofensterblick

Alpenpässe mit dem Auto? Eigentlich viel zu schade, denn was entgeht einem dabei nicht alles: Historische Saumpfade, stille Winkel, kleine Wunder am Weg, an denen man achtlos vorüberrauscht … Einen guten „Einstieg" ins autofreie Abenteuer bietet der alte Weg auf den Sustenpass.

Bilder von: **Michael Bender @insulinandphotoshots**

Zu Fuß auf den Sustenpass

Tourencharakter
Interessante Tal- und Passwanderung auf Schotterstraßen und guten Pfaden (T 2). Einkehrmöglichkeit auf der Passhöhe und im Hotel Steingletscher, wo man die Tour auch mit dem Postauto abkürzen kann.

Start und Ziel
Gadmen an der Sustenpass-Straße, 1200 m; Parkplatz, Postauto-Verbindung von Meiringen bzw. Innertkirchen. Rückfahrt vom Sustenpass, 2264 m, mit dem Postauto (Linie 162).

Schwierigkeit: **mittel**
Dauer: **4:00 h**
Länge: **9,7 km**
Aufstieg **1150 hm**
Abstieg **50 hm**

Höhenlinienmodell mit Streckenverlauf

Höhenprofil

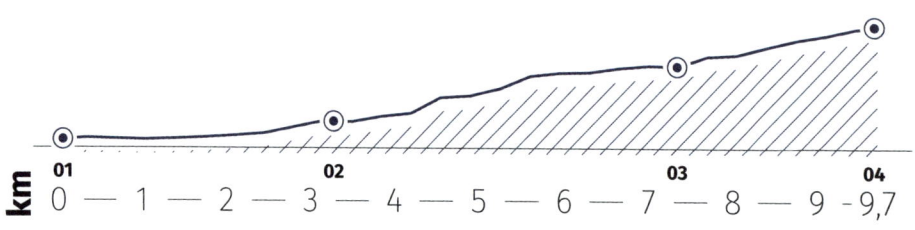

▶ Beim Dorfladen in Gadmen **01** zweigt der Weg mit der Beschilderung „Steingletscher, Sustenpass" von der Sustenstraße ab. Er führt zur nahen Brücke über das Gadmerwasser und jenseits links durch den Wald zu einer quer verlaufenden Forststraße hinauf. Auf dieser wandern wir links Richtung „Sustenpass" zur freien Chalberweid. Dort gehen wir links über die Brücke und dann rechts auf einem Fahrweg über die Schotterflächen an der Mündung des Wendenwassers (1220 m). Auf der Forststraße geht's weiter taleinwärts und bald steiler bergauf, bis wir rechts auf den Pfad Richtung „Sustenpass" abbiegen.

Dieser steigt zum Saageli **02** (1360 m) an, wo wir rechts auf einen Fahrweg einschwenken. Etwas absteigend gelangen wir zu einer Wasserfassung, hinter der wir durch einen kurzen Tunnel gehen. Dahinter wandern wir dann auf dem renovierten Passweg neben dem rauschenden Bach zum Steg auf dem Wiesenboden an der Mündung des Steinwassers hinauf. Im Zickzack gelangt man über eine felsige Talstufe in ein stilles Hochtal mit Wasserfällen und zu den Hütten der Wyssemad (1575 m). Unter dem gleichnamigen Hubel führt der Passweg zur nächsten Talstufe, die neben Bergsturzblöcken erstiegen wird. Dahinter liegt

ein weiteres, verborgenes Hochtal, durch das wir weiter bergauf marschieren. Hinter der nächsten Senke sehen wir dann schon das Hotel Steingletscher **03** (1865 m, Postauto-Haltestelle) an der Sustenstraße; 2 ¾ Stunden **⊙**.

Auf der anderen Seite der dortigen Brücke folgt der alte Sustenweg rechts (Beschilderung „Sustenpass, Wassen") dem geteerten Fahrweg weiter, zweigt aber nach 180 m links ab, quert das Schuttbett des Obertalbachs und führt daneben bergan. Bald geht's rechts wieder auf dem Passweg weiter und

in Kehren zur Straße hinauf (Blick zum Sustenhorn mit dem Steingletscher und dem Steinsee). Ihre oberste S-Kurve abkürzend erreichen wir den Parkplatz vor dem Tunnel am kleinen Sustenpasssee (Postauto-Haltestelle). Zuletzt steigen wir rechts zum Restaurant und zum nahen Sattel des Sustenpasses **04** (2259 m) mit dem Berghaus Hospiz an. Es lohnt sich auch noch dem kleinen, links aufragenden Hügel mit dem Sender einen Besuch abzustatten (Blick ins ostseitige Meiental mit der Straße aus napoleonischer Zeit und zum vergletscherten, 3313 m hohen Stucklistock); 1 ¼ Stunden.

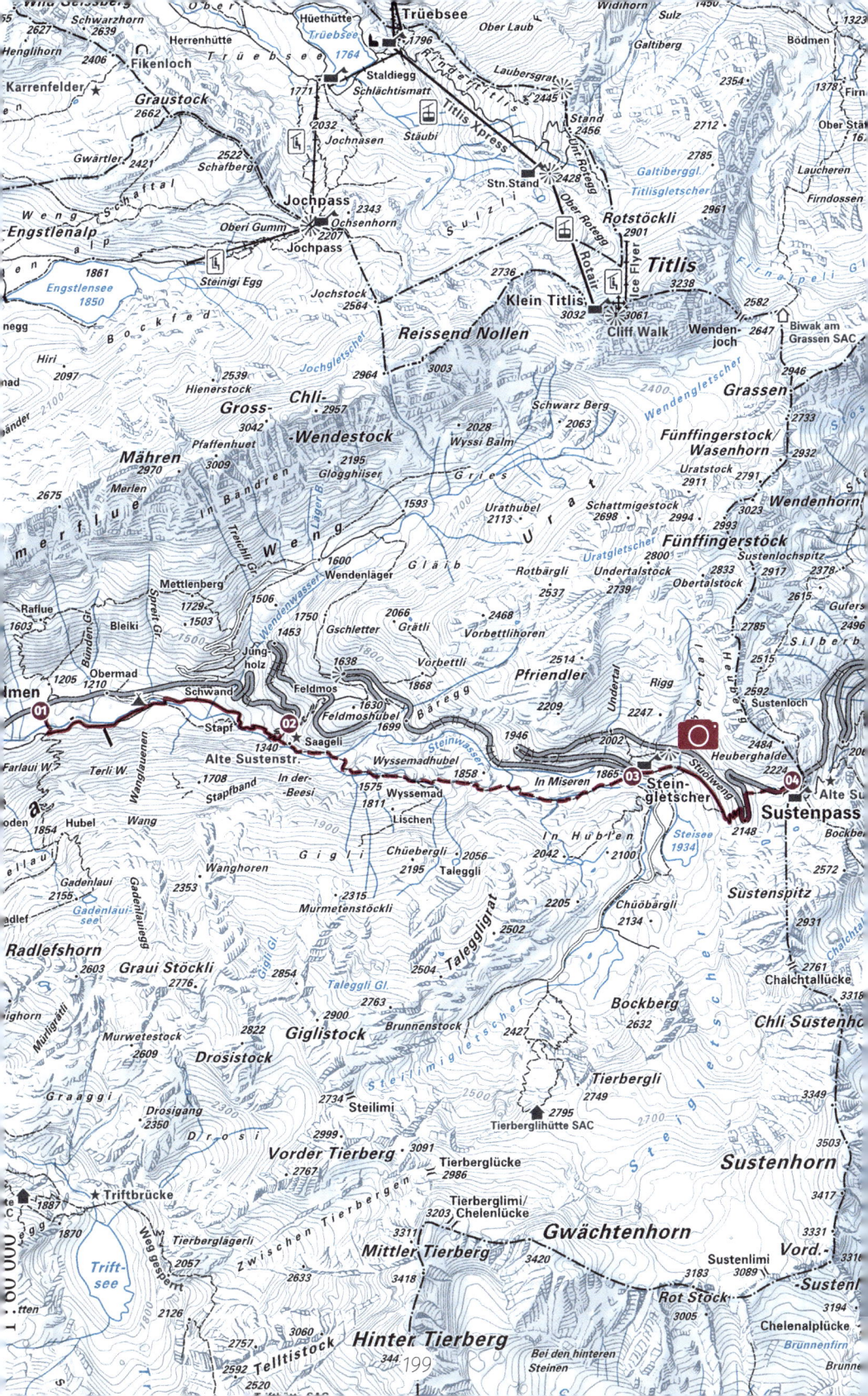

29 Der „Magenkribbel"-Schrägaufzug

Der Gelmersee ist zwar ein Staubecken der Kraftwerke Oberhasli AG, sein türkises Wasser harmoniert aber durchaus mit der kargen Granitlandschaft um den Grimselpass. Den Treppenweg, der zu seiner Staumauer hinaufführt, sollte man eher im Abstieg begehen, denn die Fahrt mit der supersteilen Gelmerbahn erfordert schon bergauf gute Nerven.

Bilder von: **Michael Bender @insulinandphotoshots**

Zum Gelmersee 1860 m

Tourencharakter
Rund um den Gelmersee führt ein stellenweise ausgesetzter und mit Stahlseilen gesicherter Felspfad, der Trittsicherheit und Schwindelfreiheit erfordert; Abstieg auf einem ebenfalls luftigen Pfad (Stufen) und dem alten Passweg (T2).

Start und Ziel
Handegg an der Grimselstraße, 1378 m, Talstation der Gelmerbahn; Postauto-Haltestelle, Parkplatz. Auffahrt mit der Gelmerbahn zur Bergstation, 1860 m (www.grimselwelt.ch).

Schwierigkeit: **mittel**
Dauer: **3:00 h**
Länge: **8,2 km**
Aufstieg **70 hm**
Abstieg **530 hm**

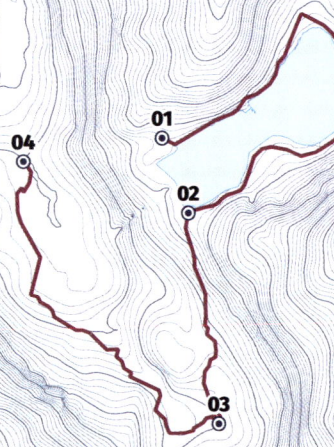

Höhenlinienmodell mit Streckenverlauf

Höhenprofil

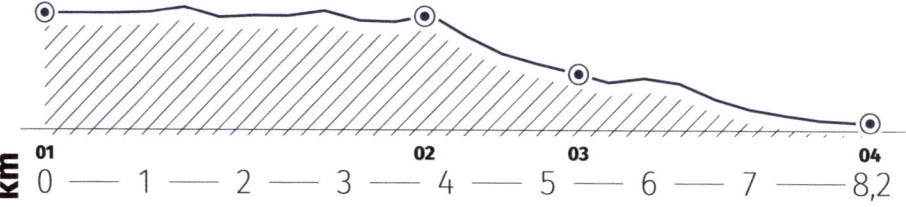

▶ Von der Bergstation der Gelmerbahn **01** gehen wir 100 m zum Ufer des aufgestauten Gelmersees. Dort zweigen wir links ab (Wegweiser „Undrists Diechter, Gelmerseerundweg") und wandern auf dem Uferweg durch die steilen und glatten, von Gletschern abgeschliffenen Granitplatten in den Talgrund hinein. Stellenweise wurde das schmale Trassee aus dem Fels geschlagen, mit Beton ans Gestein „geklebt" und mit Drahtseilen gesichert. Nach gut 1 km erreichen wir Undrists (= Unteren) Diechter 🅾, das Kar über dem Nordufer. Dort biegen wir rechts ab, gehen auf einem Steg über den dort einmündenden Diechterbach (kleine Unterstandshütte) und kehren dann über dem Ostufer zurück – durch Schwemmkegel unter kleinen Wasser-

fällen, schütter bewachsene Geröllhänge und Felsflanken. Nach 1 ¾ Stunden erreichen wir den Südrand der Staumauer **02** (1860 m).

Der Abstiegsweg führt links Richtung „Chüenzentennlen, Handegg/Hotel". Über unzählige Stufen steigen wir durch steile, stellenweise auch felsige Hänge hoch über der Grimselstraße ab; eine kurze Passage ist mit Drahtseilen gesichert. Über die Weiden und Moorflecken am Hindrem Stock kommen wir zum kleinen Stockseewli (1618 m). Schließlich erreichen wir die Straße bei Chüenzentennlen **03** (1596 m, Postauto-Haltestelle); 45 Minuten. Nach der Querung der Fahrbahn wandern wir Richtung „Handegg/Hotel" durch Wiesen und lichten Wald zum

historischen Grimselweg (Via Sbrinz, Nr. 40)
hinab. Auf diesem gelangen wir rechts zur
jungen (und von den Kraftwerks-Ableitun-
gen fast trockengelegte) Aare, die wir auf
dem Kleinen Böglisbrüggli überschreiten.
Nach einem kurzen Anstieg führt der teils
gepflasterte Passweg durch die steilen Hänge
über dem Bach zur schrägen Granitflanke
der „Hälen Platten" mit ihren ausgehaue-
nen Stufen und zum Säumerstein (1435 m)
hinunter. Kurz danach erreichen wir die Zufahrtsstraße, die links zum nahen Hotel auf
der Handegg **04** (1378 m) führt; 45 Minuten.
Der Parkplatz befindet sich 100 m unterhalb
davon an der Grimselstraße (Postauto-Haltestelle).

Spannend ist jedoch der zusätzliche 15-Mi-
nuten-Rundweg vom Hotel zur Handegg-
Hängebrücke, die 70 m über dem Handegg-
Wasserfall eine Schluchtstelle der Aare über-
spannt. Jenseits kommen wir unterhalb der
Talstation der Gelmerbahn zum Parkplatz.

30 Wo der Käse wanderte …

Wandern auf Säumerspuren – am Grimselpass ist das ein echtes Erlebnis. Bis ins 18. Jahrhundert sind pro Woche bis zu 200 Saumtiere zwischen dem Aaretal und dem Wallis unterwegs gewesen. Viele hatten Hartkäse aus der Zentralschweiz geladen – der wurde zum „Namensgeber" der Via Sbrinz.

Bilder von: **Makeila Rose Lundy**

@makeilarose

Der historische Grimselweg

Tourencharakter
Interessante Talwanderung auf Schotterstrassen und Wegen (T1), die man dank der Postautolinie an vielen Stellen abbrechen und wieder beginnen kann. Einkehrmöglichkeit im Hotel Urweid, in Guttannen, im Hotel Handegg und im Grimsel-Hospiz.

Start und Ziel
Innertkirchen, 625 m; Bahnstation, Parkplatz am südlichen Ortsrand (Richtung Grimselpass). Rückfahrt vom Grimsel-Hospiz, 1980 m, mit dem Postauto (Linie 171).

Schwierigkeit: **mittel**
Dauer: **7:00 h**
Länge: **23,5 km**
Aufstieg **1400 hm**
Abstieg **50 hm**

Höhenlinienmodell mit Streckenverlauf

Höhenprofil

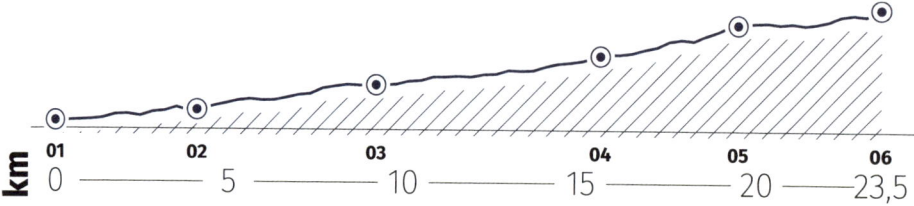

Die Sbrinz-Route führt auf historischen Saumpfaden alpenquerend von Luzern nach Domodossola.

sbrinz-route.ch

▶ Der Grimselweg (Via Sbrinz, Nr. 40) beginnt in Innertkirchen **01** beim Infocenter Grimseltor. Auf dem Uferweg bzw. entlang der Grimselstraße geht's neben der Aare dahin, vorbei an den Kraftwerksanlagen. Wo sich das Tal bei der Einmündung eines Schuttgrabens verengt, führt der Weg links durch die Waldhänge über der Straße taleinwärts. Rechts davon wandern wir durch die Äußere Urweid (690 m) und eine Talenge, dann wieder links oberhalb der Fahrbahn zur Inneren Urweid **02** (740 m, Hotel Urweid); 1 ¼ Stunden.

Über einen Holzsteg gelangen wir zu einem geteerten Fahrweg, dem wir nach links folgen. Nach 100 m zweigen wir links ab und gehen durch eine Wiese und Wald zur Eng-

stelle an der Sprengfluh. Dort wurde der Grimselweg aus dem Fels geschlagen; auf der anderen Seite der rauschenden Aare erblickt man einen Tunnel der alten Straße. Durch Weiden erreichen wir den kleinen Weiler Boden (870 m), wo wir über die Grimselstraße und die alte Aarebrücke gehen. Rechts abbiegend kommen wir an einigen Höfen vorbei („Under der Hoflue") und auf dem Saumweg weiter zum Ortsteil Sonnseite in Guttannen **03** (1057 m). Die Postauto-Haltestelle befindet sich jenseits der Aare im Ortsteil Schattseite bei der Kirche; 1 ¾ Stunden.

Die Passroute folgt weiter einem Fahrweg, über den Schutt speienden Rotlouwibach, durch Wald und auf einem Pfad neben der Straße zur alten, steinernen Schwarzbrun-

nenbrücke (1215 m). Bald steigt der Weg auf der westlichen Talseite steiler zum Kraftwerk (1310 m) und zum Hotel auf der Handegg **04** (1401 m) an. Dort lockt der kurze Abstecher zur Hängebrücke  über den Handegg-Wasserfall; 1 ¾ Stunden.

Weiter geht's gemäß der Beschilderung „Räterichsbodensee, Grimsel/Hospiz, Grimselpass" zum nahen Säumerstein und über die vom Gletscher abgeschliffenen Granitflächen der „Hälen Platten", aus denen flache Stufen ausgeschlagen wurden (der breite Saumweg führt direkt daneben vorbei). In der Folge überschreiten wir das Kleine und das Große Böglisbrüggli, zwei kleine Steinbrücken, die vermutlich aus dem 18. Jahrhundert stammen. Oberhalb davon erreichen wir die mit

einem riesigen Bild der Wasserjungfrau Mélisande bemalte Staumauer des Räterichsbodensees **05** (1782 m), an dem wir rechts auf einem Felsenweg vorbeigehen; 1 ¼ Stunden.

Dann folgt der letzte steile Aufstieg im Angesicht der 114 m hohen Spitallamm-Staumauer des Grimselsees. Der Weg tangiert eine Kehre der Passstraße; zuletzt steigen wir von der Seeuferegg-Staumauer rechts auf dem Fahrweg zum Hotel Grimsel Hospiz **06** (1980 m) an; 1 Stunde.

Variante: Man kann in 1 Stunde noch zum Grimselpass (2165 m) hinaufwandern – dabei muss man jedoch ein Stück auf der Straße marschieren und kürzt dann ihre Kehren steil bergauf ab.

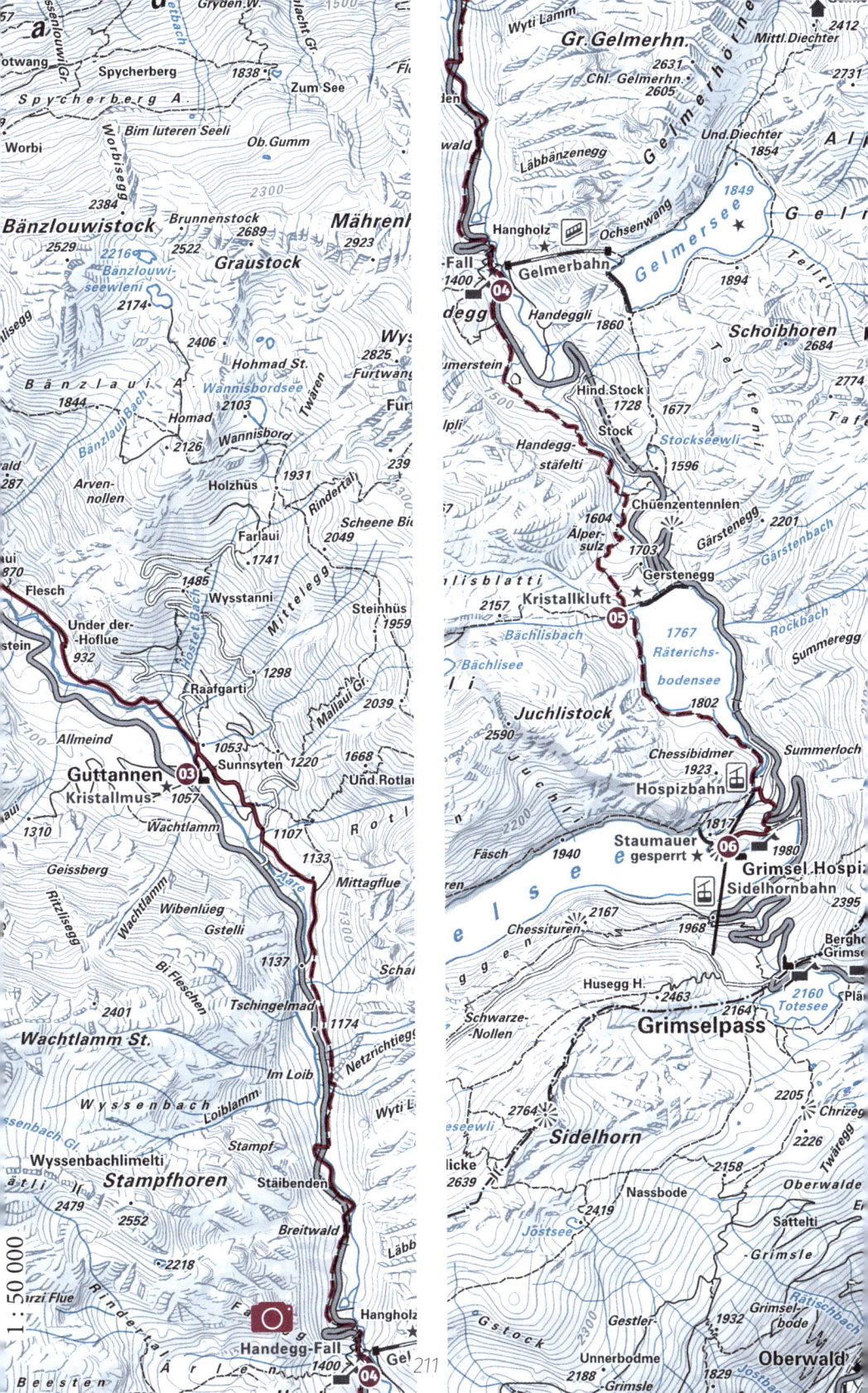

Wanderlexikon

Alles eine Frage des Verständnisses: Eine kurze Erklärung der wichtigsten Grundbegriffe rund ums Wandern und Bergsteigen.

Schwierigkeit: Die Einteilung erfolgt nach der Länge, der zu leistenden Höhenmeter und den technischen Ansprüchen der Tour.

Leicht: Einfache Wanderungen ohne besondere Anforderungen und nötige Vorkenntnisse.

Mittel: Wanderungen mit zum Teil steilen Anstiegen oder kurzen ausgesetzten Stellen. Schlüsselstellen und Schwierigkeiten werden im Tourencharakter beschrieben. Eine grundlegende Ausdauer und Wandererfahrung wird vorausgesetzt.

Schwer: Lange und/oder anspruchsvolle Wanderungen oder Bergtouren. Die Tour kann über steile und ausgesetzte Pfade führen. Gute Kondition, Trittsicherheit und Schwindelfreiheit sind je nach Charakter der Tour erforderlich.

Leichte Kletterei: Schwindelfreiheit und feste Bergschuhe sind erforderlich. Diese Passagen sind nur unter Zuhilfenahme der Hände zu bewerkstelligen.

Seilversichert: Schlüsselstellen sind mit (zumeist) verankerten Stahlseilen gesichert.

Markierter Wanderweg: Ausgeschilderter und zumeist nummerierter Wanderweg. Die Wegenummern werden in der Tourenbeschreibung und in der Karte aufgegriffen.

Variante: Vorschlag die Tour zu erweitern oder ein alternativer Routenverlauf.

Weiter wandern

Auf den Geschmack gekommen? Die umliegende Region bietet ein wahres Füllhorn attraktiver Spaziergänge, Wanderungen und Touren. Hier findest du nützliche Infos und Adressen.

KOMPASS-Wanderkarten

KOMPASS Wanderkarte 84 Jungfrau Region, Thunersee, Brienzersee, 1:40.000
KOMPASS Wanderkarte 108 Gotthard, Grimsel, Susten, Oberalp, 1:40.000

KOMPASS-Wanderführer

Wanderführer 5925 **Berner Oberland**
Dein Augenblick **Schweiz**

Touristische Informationen

Schweiz Tourismus
Tödistraße 7,
CH-8002 Zürich,
Tel. +41 44 288 11 11,
www.myswitzerland.com

Kanton Bern – BE! Tourismus AG
Thunstraße 8,
CH-3005 Bern,
Tel. +41 31 300 33 00,
www.madeinbern.com

Jungfrau Region Tourismus AG
Kammistraße 13,
CH-3800 Interlaken,
Tel. +41 33 521 43 43,
www.jungfrauregion.swiss

Deine Orientierung

Für das Navigationsgerät deiner Wahl haben wir alle Touren als GPX-Track zum Download.

Du planst und navigierst lieber digital? Dafür haben wir alle Touren auf unserer Webseite für dich
www.kompass.de/gpx
Damit kommst du direkt zum Download-Bereich. Einfach das richtige Produkt auswählen, herunterladen und auf das Zielgerät oder in die gewünschte App importieren.

GPX-Track GPX ist ein Datenformat für Geodaten. Mit einem GPX-Track bekommst du die rote Linie, also den Pfad, als geografische Koordinaten.

N 47° 24′ 50.0076″
E 10° 20′ 48.0336″

N 47° 23′ 35.9988″
E 10° 22′ 50.9988″

Impressum

© KOMPASS-Karten GmbH, Karl-Kapferer-Straße 5, A-6020 Innsbruck
1. Auflage 2023 (23.01)   Verlagsnummer 1333
ISBN 978-3-99121-908-8

Konzept und Bildnachweis

Konzept und Gestaltung: Thomas Kargl
Projektleitung: Julia Flory
Text und Fotos (soweit nicht anders angegeben): KOMPASS-Karten
Titelbild: Sonnenuntergang auf dem Brienzer Rothorn von Daniel Niggli

Wanderkartenausschnitte:
© Hallwag Kümmerly+Frey AG
Quelle: Bundesamt für Landestopografie swisstopo

Grafische Herstellung: KOMPASS-Karten
Bildnachweis aufgelistet mit der Seitenzahl nach Fotografen:
Makeila Rose Lundy: 1, 4/5, 25, 82–87, 120–125, 174–179, 206–211, 216, Cover Rückseite; Michael Bender: 16, 64–75, 162–167,180–205, 215; Matthias Burkhard: 16/17, 114–119, 126–137, 156–161, 213; Wolfgang Heitzmann: 17; Fabian Künzel (†): 19, 20; Thomas Kargl: 23; Wolfgang Heitzmann & Renate Gabriel: 28–39, 52–57, 144–149; Fabienne Bregenzer & Tina Fischer: 40–51; Markus Manfredi: 58–63; Maxim Moskalenko: 76–81, 100–105, 212/213; Matthias Effinger: 88–99, 138–143; Sebastian Weingart: 106–113, 212; Daniel Niggli: 150–155, 168–173;

Erzähl uns von deinen Abenteuern auf Instagram und Facebook mit:

#folgedeinemKOMPASS

Danke, ...

dass du ein Produkt kaufst, das verantwortungsvoll
und nachhaltig produziert wurde.

FSC
www.fsc.org

MIX
Papier | Fördert
gute Waldnutzung
FSC® C018236